SHISHUO
KECHENG SIZHENG JIAOXUE SHEJI YU SIKAO

师说

课程思政教学设计与思考

顾晓英 主编

上海大学出版社
·上海·

图书在版编目(CIP)数据

师说：课程思政教学设计与思考 / 顾晓英主编. ——上海：上海大学出版社，2023.11
ISBN 978-7-5671-4812-3

Ⅰ. ①师… Ⅱ. ①顾… Ⅲ. ①高等学校－思想政治教育－教学设计－中国 Ⅳ. ①G641

中国国家版本馆 CIP 数据核字(2023)第 201951 号

责任编辑　傅玉芳
封面设计　柯国富
技术编辑　金　鑫　钱宇坤

师　说

课程思政教学设计与思考
顾晓英　主编
上海大学出版社出版发行
(上海市上大路99号　邮政编码200444)
(https://www.shupress.cn　发行热线 021-66135112)
出版人　戴骏豪

*

南京展望文化发展有限公司排版
句容市排印厂印刷　各地新华书店经销
开本 787mm×960mm　1/16　印张 17.5　字数 295 千
2023 年 11 月第 1 版　2023 年 11 月第 1 次印刷
ISBN 978-7-5671-4812-3/G·3544　定价 58.00 元

版权所有　侵权必究
如发现本书有印装质量问题请与印刷厂质量科联系
联系电话：0511-87871135

目 录 | Contents

讲好党的二十大精神，高校教师如何做（代前言） ………… 顾晓英 （1）

教 学 设 计 类

数控技术 ……………………………………………………… 王志明 （3）
水污染控制工程 ……………………………………………… 陆永生 （12）
美丽中国 …………………………………… 叶海涛　张青子衿 （20）
通用英语 C(1) ………………………………………………… 戴朝晖 （27）
服务贸易与规则 ……………………………………………… 贾利军 （36）
科技与伦理 …………………………………………………… 戴益斌 （41）
英语语言学概论 …………………………………… 李晓媛　唐青叶 （47）
高级口译 A(2) ………………………………………………… 朱巧莲 （54）
社区工作 A …………………………………………………… 彭善民 （60）
中级汉语听说 A(1) …………………………………………… 顾　琛 （65）
商务汉语 2 …………………………………………………… 曾　艳 （71）
军事理论 ……………………………………………………… 孙士庆 （76）
语言与社会 …………………………………………………… 于梅欣 （81）
工业生态与绿色企业构建方法及案例 ……………………… 朱　萍 （89）
纪录片欣赏 …………………………………………………… 杨　洋 （94）
计算机组成原理 ……………………………………………… 栗　君 （101）
科技档案管理学 ……………………………………………… 王向女 （108）
国际商务 ……………………………………………………… 陈　军 （114）
国际商法 ……………………………………………………… 陈慧芳 （119）

中国神话传说 A	杨英颖 (123)
数字电子技术	唐智杰 (128)
营销策划	颜 卉 (133)
力学与实践	丁 珏 (138)
智慧城市与低碳智能交通	姬杨蓓蓓 (145)
诗歌朗诵与欣赏	周 梅 (150)
财务管理	马嘉萌 (157)
大学英语 B2	胡 琳 (163)

教 学 思 考 类

专业设计	王 晨 (173)
数据新闻理论与实践	任瑞娟 (187)
桥梁工程	于祥敏 (194)
毛泽东思想和中国特色社会主义理论体系概论	张富文 (198)
写生(1)	桑茂林 (204)
计算机系统结构	沈文枫 (210)
新闻学概论	郝一民 (215)
遗传学	袁晓君 (221)
习近平新时代中国特色社会主义思想概论	张青子衿 (228)
中华文化与传播	张丽华 (234)
品牌研究	孟令光 (240)
近现代美术资源保护与转化	秦瑞丽 (246)
艺术展览与策划	马 琳 (251)
管理会计	陈 影 (256)
20 世纪中国美学名家名篇精读	曹 谦 (262)
体育	颜中杰 (266)

附录　关于"党的二十大精神有机融入课程教学——我的教学设计与思考"征稿通知 (271)

后记 (272)

讲好党的二十大精神，高校教师如何做
（代前言）

顾晓英

对党的二十大报告中的新观点、新论断、新思想，高校教师务必发挥主体性、主动性，原原本本学，认认真真学，着力加强理论研究宣传阐释，自觉担负起有机融入专业课教育教学的责任，自主把握有机融入的课程目标和内容，主动对接有机融入的青年主体成长期待，让党的二十大精神第一时间"带着热气"进教案、进课堂、进学生头脑。

自觉担负起有机融入的职责

一是强化学习。切实发挥党支部战斗堡垒作用，通过"三会一课"、主题党日等学习党的二十大报告，党员教师还可以通过"学习强国"学习平台等原原本本地学习党的创新理论，坚持结合学校人才培养目标和方案实际全面系统地学，结合所讲授专业课程所属学科领域和所涉及的国家重大工程的实际需求学，结合课程的建设目标要求和内容重点学。

二是深入研究。自觉把党的二十大精神最新理论观点及时充实到各类研究中，以研促教。学校于2023年1月起举办教师征文，组织评选，汇编文集。

三是广为协同。各学科教师主动与思政课教师、辅导员等结对共建，加强协同育人。

四是主动交流。积极参加集体备课会、教师教学沙龙、讲座、工作坊等，交流成功课例，获得课改经验。

五是对标名师。学习课程思政教学名师，强化国家级—市级—校级"三级示范"的标杆示范作用，获得有机融入的经验，努力成为"经师"和"人师"的统一者。

自主把握有机融入的课程目标和内容

一是自主把握有机融入的课程目标。新时代十年伟大变革，我们党取得的一系列举世瞩目的成就,为专业课教育教学提供了鲜活生动的思政资源。专业课程教师可根据文史哲、经管法、教育学、理工、农学和艺术学类等不同专业特色和优势,根据学生特点,深度挖掘提炼专业知识体系中所蕴藏的思想价值和精神内涵,找准融入角度,"提升引领性、时代性和开放性"。

二是自主把握有机融入的课程内容。党的二十大报告提出的"六个必须坚持"给我们提供了有机融入的内容,也提供了世界观和方法论指导。坚持人民至上,就是要引导学生从历史与现实、理论与实践等维度理解习近平新时代中国特色社会主义思想,始终站稳人民立场;坚持自信自立,走自己的路,就是要引导青年学生拥有更加积极的历史担当和创造精神;坚持守正创新,就是要立足新时代中国特色社会主义伟大实践,以科学的态度和精神对待各专业课知识点及其价值;坚持问题导向,就是要引导学生深刻理解面对中国之问、世界之问、人民之问、时代之问,思考各专业如何在中国话语建树上作出贡献;坚持系统观念,就是要找寻专业课程内蕴的战略思维、历史思维、辩证思维、系统思维、创新思维、法治思维、底线思维;坚持胸怀天下,就是要在专业课程教育教学设计中增加维度,如中西对比、古今贯通,增加现实观照、亲身实践和未来考量等。

主动对接有机融入的青年主体成长期待

专业课教师应结合青年学生的学习体验和成长期待,让党的二十大精神有机融入更灵动多样,融入方式更具时代感和吸引力。

一从课堂组织看,要带领学生自学党的二十大报告原文,或分组讨论,或开展项目式学习,实现"做中学"。

二从教学手段看,要依托"云端"技术赋能,采用"翻转课堂""学习通"等,达成师生跨越时空的交互,实现"日用而不觉"的有机融入。

三从实践环节看,要让学生在红色场馆、工矿企业、田间地头、科研院所学思践悟,从"被动听"到"主动写",展示学生心目中的"二十大",让习近平新时代中国特色社会主义思想在青年大学生心中牢牢扎根。

(原文刊载《上海宣传通讯》2023年第6期)

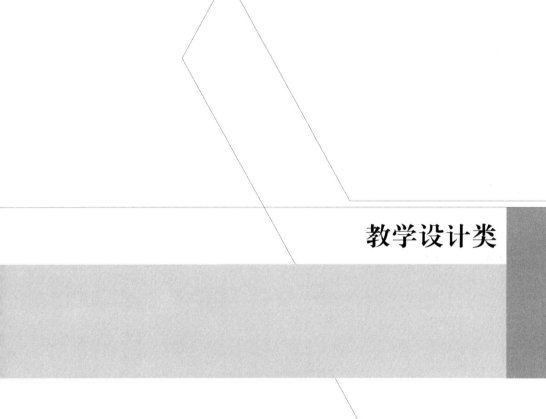

教学设计类

数 控 技 术

王志明

王志明,上海大学机电工程与自动化学院教授,博士生导师,测控技术与仪器专业主任,上海大学课程思政名师工作室主持人。兼任国家 WTO/TBT 通报评议专家、国家产品质量监督委员会专家委员、中国仪器仪表学会实验室分会理事等,主讲"数控技术""计算机测控技术及应用"等课程,"数控技术"课程获评上海市精品课程,编著有《数控技术》《数控技术与数控机床》《数控技术与智能数控系统》《传感器原理及应用》等教材。参与和主持多项重大、重点国家级、省部级课题。曾获上海市高等教育教学成果奖二等奖、中国仪器仪表学会高等教育成果一等奖、国家质检总局科技成果二等奖等奖项。参编《高效率太阳电池与光伏发电新技术》等专著,发表论文和专业文章 80 余篇。主要研究领域:智能数控系统、智能检测技术和康复医疗器具。

课程名称:数控技术
课程性质:专业选修课
课程学分:4
课程章节:第二章　数控编程技术　第二节　数控加工零件工艺性分析

一、教学目标

(一) 知识能力目标

掌握数控加工中的工艺要点,认识工艺在数控编程中的重要性。

(二) 思政目标

了解党的二十大关于高端装备的国家战略、人才战略,学习大国工匠精神,激发学生的爱国热情,培养学生精益求精的编程态度、创新能力和安全意识。

二、教学过程

(一) 主要内容、课时分配、设计理念与思路

1. 课前自主学习部分

(1) 课前阅读:阅读党的二十大报告中"建设现代化产业体系""实施科教兴国战略,强化现代化建设人才支撑"相关章节,阅读《十四五期间国家重点行业扫描——高端装备制造业》《从加工案例看培养和造就高质量数控工艺师的重要性》《薄壁零件数控加工工艺改进》等相关文章的知识点和案例资料。

(2) 导入部分:列举大国工匠关于数控加工工艺的案例及由于工艺问题产生安全事故的案例,引发学生思考质量、程序与工艺之间的关系;讲授零件图纸上尺寸数据的给出应符合编程方便的原则;讲授零件制造工艺性应符合数控加工的特点;切削刀具的选择与切削用量的确定;加工路线的确定;知识点之间的问题讨论。

(3) 合作探究:探讨工艺、质量和数控编程的关系,分析同一零件在加工保证质量的前提下是否可以有不同的制造工艺。(布置任务驱动:思考与挑战)

(4) 本节重点:切削刀具的选择与切削用量、加工路线的确定。

2. 课时分配

本小节安排2个课时，其余为课外课时，安排如下：

（1）第一课时：导入部分和讲授，讲授零件图纸上尺寸数据的给出应符合编程方便的原则；讲授零件各部分工艺性应符合数控加工的特点；穿插讨论。

（2）第二课时：切削刀具的选择与切削用量的确定；加工路线的确定；穿插讨论。

（3）课外：课前阅读，课后合作探究。

3. 教学设计理念

改变传统灌输式的教学模式，贯彻"以学生为中心"的教学理念，让学生起到主体作用，教师起着主导作用。教师通过案例导入，引发学生思考，将问题的思考贯穿整个章节。根据讲授的知识内容，教师主导创设问题，通过讨论等方式，引导学生对知识的掌握和提升，并把学习向课外延伸。

在导入的案例中融合课程思政元素，激发学生的爱国热情，培养学生精益求精的编程态度、创新能力和安全意识。

4. 设计思路

根据以上理念，本节的学习将课前、课中和课后相结合；将知识、能力和立德树人相结合；将课内讨论、课外合作探究相结合。具体思路如下：

（1）教学由课内向课外延伸。学生根据布置的案例材料、知识点等内容进行课前阅读。课前预习完成对党的二十大报告相关章节的学习，建立对数控工艺知识及工艺、质量与数控编程之间关系的认知。课后需分组完成具有挑战性的内容，即采用不同的工艺流程加工同一种零件，并将课后作业和修正后的课前阅读心得上传网站或记录在作业本上，由教师批阅。

（2）对课程教材的创新使用。课堂上讲授的知识是对导入案例问题的思考。以问题为主线，将课本的知识进行重新组合，使学生认识到数控工艺在机械设计、数控编程中的重要性和多样性。

（3）知识点的讨论深化。课堂教学应符合学生课堂注意力集中的规律，让课堂节奏有张有弛。在两个知识点之间安排讨论环节，讨论是对讲授知识的巩固和延伸。

（4）发挥数控加工实践的反拨作用。利用实验条件的优势，对同一零件的不同工艺进行试验验证，验证其加工质量，让学生直接感受到工艺在保证零件加工质量中的作用（视频展示）。

(5) 确保数控工艺知识掌握的闭环。从课前学习中认识到工艺、编程和加工质量三者之间的关系,课中强调机械设计中应该遵循数控工艺的原则及数控加工的刀具、参数及加工路线的设计原则。通过实例讨论,加深对工艺知识的认识和掌握。课后,采用任务驱动方式,对数控的加工路线进行分组学习探究,并观看视频,加深对工艺多样性的认识,将探究结果上传到课程网站或记录在作业本上。

(6) 立德树人与教学实践"隐性沉浸式"融合。深入学习党的二十大报告中的相关章节内容和大国工匠精神,将培养学生的爱国热情、精益求精的编程态度、创新能力和安全意识贯穿于课程的始终,引发学生对学习内容与态度的思考,有效提升学生学习的积极性。

(二) 教学组织流程,包括课前、课内、课后具体步骤与活动

1. 课前

在超星学习通平台或课程网站发布学习案例、相关工艺类的文章,学生自主预习,在学习平台完成相关任务。

(1) 阅读内容:党的二十大报告中"建设现代化产业体系""实施科教兴国战略,强化现代化建设人才支撑"章节;《十四五期间国家重点行业扫描——高端装备制造业》《从加工案例看培养和造就高质量数控工艺师的重要性》《薄壁零件数控加工工艺改进》《数控加工工艺对化工设备零件加工精度的影响——评〈数控机床加工工艺及设备〉》《数控加工工艺分析的一般步骤与方法》等文章。

(2) 知识点:图纸的尺寸要求和数控编程之间的关系,零件设计的工艺性与数控工艺的符合度;切削刀具、切削参数的内涵;数控加工路线的制定原则。

(3) 要求:根据阅读文献,做读书笔记,课后经整理并上传或上交。

2. 第一课时(讲授法、案例法、隐性沉浸式课程思政)

(1) 案例导入:

案例1:"无数次向技艺极限冲击"诠释大国工匠精神年度人物陈行行,在军工产品的制作过程中,通过工艺的改进,不断提高加工质量的过程。

案例2:"沈飞的歼六发动机断轴事故"中,由于制造工艺的问题,导致飞行过程中轴断裂,造成严重后果。

案例3:《从加工案例看培养和造就高质量数控工艺师的重要性》一文讲述的是我国技术人员如何通过数控加工工艺使得制造质量达到甚至超过国外图纸

严苛技术要求的过程。

（2）问题思考：

问题1：在智能制造领域中，很多"卡脖子"的关键技术除了设备的因素外，还有一个关键的因素是什么？（说明原因）案例3中，美国制造商用一个零件的制造来测试中国的制造业水平，你觉得这个零件的加工质量稳定的因素是在设备上还是在工艺上？（分析原因）

目的：从案例中引出工艺在制造业中的重要地位，同时弘扬工匠精神。为了国家的军工研发与民用产品不再受国外的制约，大国工匠们为国分忧，一次又一次地攻克工艺难关，使得我国的军工及民品的质量及技术达到世界一流。但还有很多未解决的问题，振兴和赶超世界一流水平的重担落在同学们身上。

问题2：美国代加工零件（图1）的尺寸标注和结构设计是否合理？

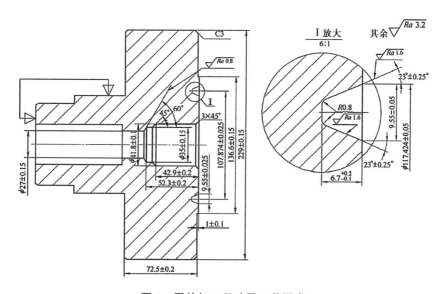

图1 零件加工尺寸及工艺要求

目的：深入理解和掌握两个知识点，即零件图纸上的尺寸的给出应符合编程方便的原则，零件各部分加工部位的结构工艺性应符合数控加工的特点。培养学生的思维能力、探索能力和综合能力。

（3）课堂分组讨论：分析图2、图3两个零件结构的工艺性和尺寸标注的合理性，培养学生"举一反三"的能力。

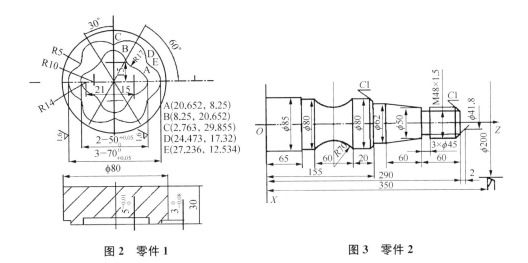

图 2　零件 1　　　　　　　图 3　零件 2

3. 第二课时(讲授法、案例法)

(1) 问题思考

问题 3：分析美国代加工零件(图 1)在加工过程中的切削刀具和切削用量。举一反三，分析图 2 和图 3 零件的切削刀具和切削用量。

目的：通过对这一零件切削刀具与加工用量的分析，引出铣削和车削零件一般采用的切削刀具与切削用量，总结车削、铣削工艺中切削刀具、切削用量制定的一般原则。通过问题 3 说明技术难题是可以通过不断学习、不断进取、不断探索得到解决的，进而树立学生学习的自信心。

问题 4：分析美国代加工零件(图 1)的整体加工工艺，重点是加工路线。

目的：通过对这一零件的整体工艺分析，总结车削加工的一般工艺路线，进而引出铣削零件的一般工艺路线，最后总结车削与铣削数控加工工艺路线制定的原则。从这个问题中可以看出工艺在产品质量保障中的作用，制造工艺涉及广泛的内容，很多是在课堂上没学过的，通过查缺补漏，让学生养成自主学习和终身学习的习惯。

(2) 课堂分组讨论：分析图 2、图 3 两个零件的加工工艺，涵盖切削刀具、切削路线、切削参数等内容。

4. 课后

观看实验室老师录制的视频"轴类零件不同工艺，质量殊途同归"，感受工艺的多样性，分组分析图 2、图 3 零件的工艺多样性，尝试用不一样的方法进行加工工艺流程的设计。培养学生的团队合作、沟通和分析探究能力。将课前阅读心得修改后,记录在习题本上,同时将不同的工艺流程也记录在习题本上。下次课后同学之间互相批阅,教师抽阅。预习下节课布置的课前学习任务。

(三)教学过程中专业知识与立德树人有机融合的实现

1. 教学内容上充分利用本节主题教学材料的正向引领作用

(1)激发学生的爱国热情,培养学生精益求精的职业精神。通过学习党的二十大关于"建设现代化产业体系"的内容,让学生了解到国家对高端装备的规划。数控机床是高端装备之一,是各国必争的技术领域,是大国重器的"母机",数控编程和工艺是数控机床的关键内容之一,让学生将自身的发展纳入国家发展的轨道,激发学生为国学习的意识。通过学习党的二十大"实施科教兴国战略,强化现代化建设人才支撑"的内容,使学生领会到做国家有用人才应具备的素质和能力。《从加工案例看培养和造就高质量数控工艺师的重要性》一文告诉学生关键技术是"等不来、要不来、买不来"的,但可以不断地学习、探索,通过艰苦的努力,是可以被突破的。"无数次向技艺极限冲击"的大国工匠陈行行一次次向极限冲击,为的是让我国产品制造质量尽快跟上并赶超世界先进国家,从中体现出爱国热情和精益求精的精神,让学生认识到这样的人才是我们国家的"明星"和"脊梁",帮助学生树立正确的价值观。

(2)培育学生养成良好的职业素养。"沈飞的歼六发动机断轴事故"告诉大家,在国之重器的研发生产过程中,需要的不仅是爱国热情,还需要工艺过程的科学性,更需要精益求精的做事态度,在从事本专业工作过程中应该具备这种职业精神,不然会造成难以弥补的损失。

2. 教学任务的设置有助于全方位提升学生综合素养

(1)在自主学习中提升学习和思维能力。课前预习任务充分发挥学生的主观能动性,培养自觉自律、自主学习、独立思考和探究问题的能力。

(2)在课堂任务中习得解决问题的方法。根据美国给中国代加工零件的案例分析,教授学生工艺分析的方法,使学生能举一反三,分析各种零件的设计、尺寸标注及工艺标注的合理性,同时也可以使自己的机械设计水平大大提升。明理才能学透,才能解决工程中的复杂问题。

(3)在思维过程中培育职业素养。通过问题导向,引导学生理解工艺和质量之间的关系,意识到不同的工艺方式会对环境等造成不同的影响。从中培养学生勤于思考、分析归纳等思维品质和职业素养。

（4）在小组探究中锤炼能力。课间讨论及课后任务在培养学生分析思维能力的同时，锻炼了学生的人际交往、协同合作、创新力、自信力等综合能力。

（5）在多元评价中激发学习动力。点评同学的回答和小组的分析结果及课后任务生生互评方式的设置，可培养学生深入观察、勤于思考的批判性思维能力，创设了互帮互助、取长补短、共同进步的和谐学习氛围。

三、教 学 评 价

（一）从评价理念看

单元教学评价以形成性评价为主，关注学生在本节教学中的发展过程，将评价与教学过程有机融合。

（二）从评价方式看

课前、课后学习任务的完成情况依据网络平台提供的数据统计。自主学习的完成情况基于网站学习平台的统计功能，自动获取数据。课后作业的情况，由教师批改获得。课堂教学环节中依据学生的综合表现进行三方评价。教师关注每个学生的课堂学习积极性、回答问题、活动参与情况等并作相应的记录。整个单元教学结束后，学生根据教师发布的本节学习评价指标，对自己及他人进行评价；教师同时再评价。具体评价指标包括基础知识掌握、分析能力、道德品质提升、课堂表现、小组协作贡献等，评价指标列表如下：

章节评价表：第二章 第二节							
A. 非常好　B. 很好　C. 好　D. 较好　E. 一般							
	评价主体	评 价 指 标	A	B	C	D	E
形成性评价（30%）	学生(20%)	自主学习能力					
		提出问题、解决问题的能力					
	同学(20%)	组内沟通能力、团队合作精神、任务执行能力等					
	教师(60%)	课前学习数据、课堂专注度、思辨能力、创新能力、任务完成情况(含作业)等					

(三) 从教学评价中知识能力与立德树人的融合体看

1. 评价主体体现育人

本课程采用三方评价方式,即学生自评、学生互评和教师评价。学生自评尊重个体差异,有助于学生的自我剖析,找准能力定位,明确努力方向,体现"以人为本"的原则。学生互评有助于激发学生的学习积极性和创造性,培养学生的批判性思维以及互帮互助、协同合作的精神。多元的评价主体可有效体现育人目标。

2. 评价指标体现育人

评价指标涉及整个章节的学习过程,知识技能的掌握及学习过程中重要品质的评价,包括专注力、思辨精神、合作精神、道德品质等,有助于促进学生形成脚踏实地的良好作风并提升各方面的综合素养。

四、教学反思

通过课程思政教学改革,我们改变了传统教学注重知识传授的倾向,强调学生要形成积极主动的学习态度,使获得的基础知识和基本技能转化为解决复杂工程问题的能力和形成正确价值观的过程。结合学生的特点和需求,从党的二十大对高端装备的部署到对国家有用人才应具备的素质和能力,从大国工匠事迹到大国重器的制作过程,从典型的事故案例到社会新闻等不断挖掘建设课程思政元素库,提升学生的学习热情。数控技术课程思政的建设正在实施过程中,课程思政的课程体系要不断地提升改进。深入挖掘数控技术课程中的思政元素,有机结合党的二十大报告中的相关内容,将课程思政沉浸式融入专业知识中,发挥课堂教学的主渠道作用,使得与专业课思政课同向而行,努力培养德智体美劳全面发展的社会主义建设者和接班人。

考虑到课程推进应该符合学生课堂注意力集中的规律,让课堂节奏有张有弛,在知识点讲授过程中安排讨论,及时评价,强化正向引导,能更好地调动课堂气氛,更好地完成教学目标。

水污染控制工程

陆永生

陆永生,上海大学环境与化学工程学院副教授、博士生导师,上海大学课程思政名师工作室主持人,兼任《工业水处理》杂志编委。主讲"环境工程原理""水污染控制工程""环境反应工程"等课程,其中"水污染控制工程"获评上海市课程思政示范课程及教学团队。曾获上海大学教学成果一等奖,编著有《环境工程专业实验教程》《水污染控制工程》等教材。主持和参与多项国家自然科学基金项目、省部级课题,为多家环保企业提供技术服务。在国内外学术期刊发表论文70余篇,授权发明专利10项。主要研究领域:水和固体废物处理及资源化。

课程名称:水污染控制工程

课程性质:专业课

课程学分:5

课程章节:第十二章　污水的好氧生物处理——活性污泥法

一、总体设计

为深入贯彻落实《高等学校课程思政建设指导纲要》精神,立足环境工程专业人才培养目标及课程教学目标,通过对课程教学内容和教学环节的梳理,结合党的二十大精神,从知识、思维、价值等角度发掘思政元素补充完善教学大纲,选择组织课程思政素材,与专业课程知识点对标设计、无缝对接、有机互融。教学实施过程中完成"两性一度"建设的同时,以间接、内隐的方式将所认可、倡导的学科文化、职业操守、道德规范、法律、思想认识和政治观念等有机融入,实现教书育人。

教学设计(图1)聚焦污水水质及出路、物理处理、化学处理、生物处理、物理化学处理、污泥处置、污水厂设计和城市污水回用等知识单元,在专业知识传授和能力培养过程中,通过思政知识点潜移默化的融入,形成"爱国、诚信、责任"课程核心价值观,施教过程实现三个融合,即思政元素和专业课程内容的融合、科研和教学的融合、线上线下混合教学方式的融合。

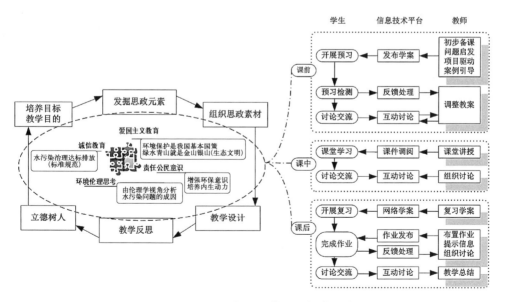

图1 课程思政视域下的课程教学设计

(一)内容维度上,发掘思政元素与专业课程内容的融合

围绕"知识""思维""价值"三位一体构建课程思政目标体系,从课程各章节知识点的来源、发展、应用、产业、市场、与社会生活的关系等方面发掘思政元素,结合党的二十大精神,启发学生的系统思维、辩证思维、创新思维等,充分调动学生的思想、逻辑、情感。整个过程涵盖知识内涵、德育内涵,以期实现价值观引领。

(二)执行维度上,引入科研成果与教学过程的融合

依托课程所属上海市教委高峰高原学科——环境科学与工程平台,和"有机复合污染控制工程教育部重点实验室"等坚实的基础条件,任课教师根据课程的授课内容,力求实现科研教学相融相长。第一时间引入学院最新学科研究成果,用身边事、身边人、身边精神来丰富课程的思政素材和思政案例,激发学生热爱本专业,也让课程思政深度融通专业课程与学科建设。

(三)技术维度上,依托信息技术实现线上线下混合教学的融合

依托学校网上教学平台,实现信息化深入融合研究型挑战性教学,打造金课,主要包括:第一步,线上建课,教师发布课程介绍、课程大纲、考核方式等基本信息。第二步,课前资料发布,如:教师在课前根据课程内容,设计若干问题或者项目;收集与问题或项目相关的学习资料,供学生课前自学(如视频、文献、课件、参考资料等);布置与课前学习内容相关的作业,检测学生自学效果;对具有共性的学生问题,可以在讨论区或课堂上进行统一解答。第三步,安排学生课前自主学习,同时利用图书馆、资料室和互联网等查阅资料,对课前发布的问题或项目开展研究;对该过程中的重要环节和疑难问题,教师给予指导和解答。第四步,采取课堂讲授、研讨与互动,围绕事先的学习内容、发布的问题或项目、完成项目时遇到的困难,师生之间、生生之间在课堂上展开充分研讨与互动。第五步,课后作业辅导,课后学生继续完成问题或项目,加强研究成果的拓展应用和研究结论的不断完善。第六步,根据课前、课中、课后和综合考查的学习数据,进行课程过程考核。

二、教 学 设 计

授课教师	陆永生	授课班级		课程类别	专业课
计划数时	1学时	授课时间			
课前提问及复习	莫诺特(Monod)方程式的意义					
新课课题	五、活性污泥法(首选教材第十二章) 1. 活性污泥的基本概念					
教学目的及要求	1. 了解活性污泥的组成 2. 掌握活性污泥法的基本流程					
重点难点	活性污泥法的基本流程(含微生物的作用)					
教学方法	课堂讲授					
教学用具使用情况	讲稿,PPT					
课堂巩固及课后复习	活性污泥法的基本流程					
作业及课后总结	自编习题册 第十二章					
教研室主任签字						

第十二章 污水的好氧生物处理——活性污泥法

第一节 基本概念

1. 活性污泥发现
2. 什么是活性污泥?
3. 活性污泥的性质
4. 活性污泥的组成

按栖息着的微生物分:除细菌外,还有菌胶团、原生动物和后生动物等

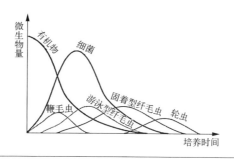

续 表

生物量【麦金尼（McKinney）】MLSS＝$M_a+M_e+M_i+M_{ii}$
按有机性和无机性成分：
MLSS 表示悬浮固体物质总量，MLVSS 挥发性固体成分表示有机物含量，MLNVSS 灼烧残量表示无机物含量。

5. 活性污泥法的基本流程

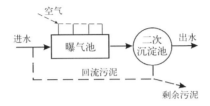

思政内容融入：通过介绍活性污泥的组成，让学生认识到各类微生物在其中分工协作才能完成污水净化的目标。将党的二十大报告中"推动绿色发展，促进人与自然和谐共生"的理念有机融入。

教学内容	教学过程、教学方法及思政融入点
	**课前提问(5 分钟)：** 由污水生物处理基础中的莫诺特（Monod）方程式的意义，引出： 本节课讲授内容——活性污泥法
	**引子(2 分钟)：** 以直观形式，采用有视觉冲击力的图片，介绍环境中的水环境污染问题，后果是"自食其果"，引起学生的注意和重视。 思政内容融入：激发学生保护环境、守护家园的意识，在思想上强调巩固"绿水青山就是金山银山"的理念。
	**发现(1 分钟)：** 由于上述水污染问题的存在，人类便想办法解决——介绍活性污泥是怎样被发现的。 两性一度：问题导向

续 表

	**介绍(2 分钟)：** 活性污泥的组成,强调"组分",为后续思政内容融入设下伏笔。
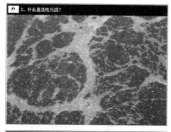	**展示(3 分钟)：** 用普通照片(全貌)和微生物镜检照片(微观)展示活性污泥的组成,引出活性污泥的定义及其与一般淤泥的差别,强调污泥是"活的"。
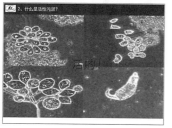	
	**推荐(2 分钟)：** "两性一度"：推荐中英文参考资料,让学生课后去查阅,进一步加深理解,了解国内外的研究进展。
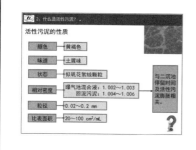	**性质(10 分钟)：** ——介绍污泥的性质,尤其是提到"回流污泥"时,顺带复习绪论课中的排放标准,再一次说明"回流"和"稀释"的区别,强调稀释排放是违法行为。 思政内容融入：达标排放,对学生进行职业道德操守教育。结合党的二十大报告中提到的"提升环境基础设施建设水平",指出环境基础设施建设的不足之处在于"水平",意味着提升的方向不仅在量,更在于质。

续 表

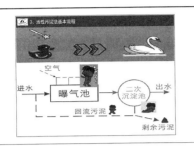	**流程(5分钟)**： 实现污水华丽转身，"丑小鸭变为白天鹅"，需要一套完整的污水处理流程，介绍各工序的作用。
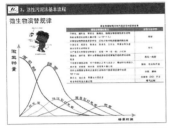 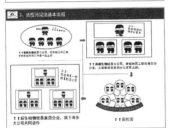	**微生物演替规律(10分钟)**： 介绍污水处理过程中不同微生物种类的作用，说明演替规律。 强调在一个完整的处理系统中不同微生物之间的协同作用。 思政内容融入：结合党的二十大报告中提及的"推动绿色发展，促进人与自然和谐共生"。
	**影响因素(5分钟)**： 介绍保证一个系统正常运行，需要注意哪些操作参数及各自适用的范围。 "两性一度"：学生课后去查阅文献，明确各影响因子间是否会相互影响。

三、教 学 反 思

(一) 关注专业发展，聚焦"法、策、德"，合理设置思政目标

结合课程的特点和内容，聚焦"法、策、德"三方面挖掘内蕴的思政元素，尤其是要把握育人的"时度效"。如与本课程相关的生态文明建设。党的十八大以

来，作为统筹推进"五位一体"总体布局和协调推进"四个全面"战略布局的重要内容，将党的二十大报告第十章"推动绿色发展，促进人与自然和谐共生"纳入专业课程内容；及时更新、修订教学大纲，实现课程思政目标与专业课程内容的融合。

（二）坚持知行合一，思政无痕融入专业课程全链条各环节

融入课程教学的思政内容与专业知识一样，需要经过消化、吸收的过程，才可能获得学生的情感价值认同。结合时政，把党的二十大精神中保护环境的重要内容纳入课程内容模块；将学生对环保技术创新、青山绿水环境变迁的调研等纳入课程实践环节，课内外连接，线上线下互动，引起学生的情感共鸣，使学生乐于接受课程内容；通过国内外技术、工艺的比较，拓宽学生的国际视野的同时激励学生发奋读书，产生学习内生动力，有助于提升专业人才培养质量。

（三）教师是关键，不断提升专业课教师的思政素养

"引人以大道，启人以大智"，教师要有对本专业、学科的使命感与责任意识，要有强烈的育人意识和专业价值的认同。教无定法，思政融入各有各法，在保证教师自主性的前提下，教师要积极主动地通过各类学习，如学习党的二十大精神等，提升思政素养，提高课程思政能力。

美丽中国

叶海涛　张青子衿

叶海涛,上海大学马克思主义学院教授、博士生导师,上海高校思想政治理论课名师工作室主持人。主讲"美丽中国""中国近代史纲要""马克思主义原著选读"等课程。曾获评"江苏省教学成果奖一等奖"(2017)、"国家级教学成果奖二等奖"(2018)等。主编《大学生社会主义核心价值观教案精编》等教材。主持完成国家社科基金项目、教育部人文社科基金项目、教育部产学合作育人项目、江苏省"重中之重"教学改革项目等研究课题20余项,出版《绿色发展的政治逻辑》《绿之魅:作为政治哲学的生态学》《西方马克思主义生态政治思想》等学术专著3部,在《人民日报》《光明日报》《哲学研究》等中央媒体、权威期刊和CSSCI来源期刊发表论文30余篇。

张青子衿,上海大学马克思主义学院讲师。主讲"习近平新时代中国特色社会主义思想概论""毛泽东思想和中国特色社会主义理论体系概论""国外思想政治教育比较"等课程,获上海市2022年度高校思想政治教育理论课教师教学大比武二等奖。

课程名称:美丽中国

课程性质:思政选修课 通选课

课程学分:3

课程章节:第一讲第一节 "生态"何以成为一种"文明"?

一、教学目的

（一）知识传授

旨在以美丽中国建设为理论论域和实践导向，对上海大学在校本科生进行生态文明常识和政治学、经济学、社会学、哲学等人文社会科学素养的培育。

（二）能力培养

力图通过对美丽中国建设的理论来源、逻辑演进和实践脉络的系统分析，进一步完善上海大学学生的知识构成与能力培养。

（三）价值引导

本课程将结合美丽中国建设实践案例，帮助学生从人类文明历史演进的视野反思人与自然的关系，培育和践行生态价值观。以习近平新时代中国特色社会主义思想，特别是习近平生态文明思想为指导，落实立德树人根本任务，深入挖掘各类课程和教学方式中蕴含的思想政治教育元素，建设适应新时代要求的一流本科课程。

二、教学分析

（一）教学重点

（1）"自然"的概念。
（2）如何从人与自然的关系演变视角透视人类文明形态的历史演进。
（3）人类社会发展面临的生态环境危机。

（二）教学难点

"生态"与"文明"之间的关系。

三、教学方法和策略

教学过程中,综合运用讲授法、讨论法和案例分析法,通过音像资料等,形象生动地为学生展示人类文明历史变迁中的"自然",增强学生对"自然"概念的理解,引导学生深入思考生态环境与人类文明的内在关系。指导学生阅读相关文献资料,充分利用多媒体教学手段增加教学的感染力,使教学的知识性与趣味性相结合,最终达到令人满意的教学效果。

(一)导入新课(约5分钟)

案例材料:观看动画短片《人与自然》。

提问:短片中人与自然的关系发生了怎样的变化?

教师点评:从人类文明的发展演进出发,人与自然的关系经历了从原始社会、农业社会再到工业社会的转变,每一历史阶段均展现了"自然"的图景与布景。在此意义上,一部人类文明发展史就是自然观的嬗变史。

(二)讲授新课(约35分钟)

1. 人类史同样也是一部人与自然的关系史

在人类历史和文明的衍变中,"自然"概念显得极为重要和根本。从人类思想史来看,每当人类社会发展至某个历史节点时,基于新的文化背景和知识(科学)体系,旧的自然图景就会被修正和扬弃,新的自然布景就会历史性地生成。

(1)原始社会:作为"敌人"的自然

案例材料:

当我找到我的朋友时,他站在路边正脱着衣服,接着他的衣服上裂开了一个大洞,就这样,它变成了一匹狼!然后它开始嚎叫,之后就窜进了树林之中!([古罗马]佩特罗尼乌斯《萨蒂利孔》)

在原始人看来,自然力是某种异己的、神秘的、超越一切的东西。在所有文明民族所经历的一定阶段上,他们用人格化的方法来同化自然力。正是这种人格化的欲望,到处创造了许多神。(《马克思恩格斯全集(第20卷)》,人民出版社1971年版,第672页)

提问：以上这两段文摘反映了人与自然的何种关系呢？

教师点评：在人类文明的早期，即原始文明或渔猎文明时期，人类主要的生产生活方式是采集和渔猎。这两种活动方式都是人类直接利用自然物作为人的生产和生活资料。同时，原始人类的精神生产能力也同样低下，他们的精神活动主要为具有强烈"巫术"色彩的崇拜"自然"的原始宗教活动。因此，在原始社会，人类的生存状态是异常艰难的，因为那时的自然是"作为一种完全异己的、有无限威力和不可制服"的力量。自然成为人的"敌人"。

（2）农业社会：作为"榜样"的自然

公元前1万年左右，全球范围内上演了一场关于人类生产生活方式的深刻变革——农业革命。人类在不经意间发现了植物种子的萌生、成长及成熟过程。"自然在人心目中的形象同狩猎者时期相比发生了根本的变化。自然在耕田人的眼里几乎可以说是相仿的对象，是阐述人生的模式"，自然由敌人变成了"榜样"。

（3）工业社会：作为"征服对象"的自然

案例材料："彩虹的祛魅"：诗人的"彩虹"与牛顿的"彩虹"。

教师点评：借助飞速发展的科学，自然一步步被剥掉了灵性和魅力。人们认识到，充满诗情画意的彩虹不过是光的色散、反射和折射，恐怖的闪电不过是空气中正负电子的剧烈相撞。自然，作为一个有机的存在从此被终结了，变成了一架冷冰冰的大机器。以人类进步之名，对自然的开发、利用、控制和掠夺开始了。人与自然的关系急需一场颠覆性的反转。

2. 生态文明是人类社会进步的重大成果

案例材料：[美]蕾切尔·卡森《病毒星球》和魏文文、禹铭图《寂静的春天》。

教师点评：在贯穿人类文明史的大瘟疫中，我们一直不能确定致病元凶和机制。直到显微镜和电子显微镜发明后，我们才观察到引发瘟疫的病原体：细菌或病毒。在这些细菌和病毒面前，人类有时候不仅束手无策，甚至会显得不堪一击。有数据表明，当今78%的人类新发传染病与野生动物有关，或者说源于野生动物。以残酷的生态危机形式表现出来的历史代价，一方面标示着工业文明的历史局限性；另一方面又蕴含着人类向新的文明形态发展的历史必然性。文明样式的转型，也许是人类走出人与自然关系异化困境的必由之路。正如习近平总书记指出的，生态文明是人类社会进步的重大成果。人类经历了原始文明、农业文明、工业文明，生态文明是工业文明发展到一定阶段的产物，是实现人与自然和谐发展的新要求。历史地看,生态兴则文明兴,生态衰则文明衰。

互动讨论:在处理人与自然的关系上,你是一个"人类中心主义者"还是一个"非人类中心主义者"?

教师点评:无论是"人类中心主义"还是"非人类中心主义",都无法真正从根源上解决生态环境问题。恩格斯曾指出:"要进行这种控制,需要的不仅仅是知识。它需要对我们迄今为止现有的生产方式以及我们整个当代社会秩序进行彻底的变革。"这意味着,建设生态文明将是一场涉及生产方式、生活方式、思维方式和价值观念的革命性变革。

3. 人与自然和谐共生是生态文明时代的基本特征

案例材料:

"我们应该携手努力,共同推进人与自然和谐共生,共建地球生命共同体,共建清洁美丽世界。"(2022年习近平在《生物多样性公约》第十五次缔约方大会第二阶段高级别会议开幕式上的致辞)

"人与自然是生命共同体,无止境地向自然索取甚至破坏自然必然会遭到大自然的报复。"(中国共产党第二十次全国代表大会报告)

互动讨论:习近平总书记所畅想的人与自然的未来是什么样的?

教师点评:伴随着全球化进程的不断加深,人与自然的问题已经成为不可忽视的全球性议题。自工业革命以来,纵观世界各国现代化发展进程,早期经济高速增长时期的环境污染和生态破坏似乎是一种普遍现象,而这种普遍现象恰恰给世界的可持续发展蒙上了阴霾。针对约束渐紧的资源、环境状况和日趋严重的生态问题,以习近平同志为核心的党中央提出"人与自然和谐共生的现代化",不仅赋予了中国式现代化以生态意蕴,更从全人类的角度为世界的可持续发展指明了方向。正如习近平总书记所言:"在我们这个13亿多人口的最大发展中国家推进生态文明建设,建成富强民主文明和谐美丽的社会主义现代化强国,其影响将是世界性的。"

课堂讨论:生态文明时代的核心表征是什么?

(三) 本节课总结(约5分钟)

从原始社会、农业社会到工业社会再到如今世界范围内对人与自然关系的思考,无论我们承认与否,一个狰狞的"生态幽灵"正向我们袭来。著名未来学家阿尔温·托夫勒认为,人类社会文明的历史进程经历了两次"浪潮":第一次是历时几千年的"农业革命",第二次是历时三百余年的"工业革命"。而今,人类社会正进入一个崭新的时期——"第三次浪潮",而在这一"浪潮"中,我们必须要承认,在同自然的"斗争"中,人类虽然可以赢得几次战役,但却永远都赢不了这场战争。人类必须还"自然之魅",以可持续的生产和生活方式迎接人类文明更加辉煌的未来。

四、教学反思

党的二十大报告指出,"中国式现代化是人与自然和谐共生的现代化",要"像保护眼睛一样保护自然和生态环境,坚定不移走生产发展、生活富裕、生态良好的文明发展道路,实现中华民族永续发展"。建设生态文明是中华民族永续发展的千年大计,培养具有生态价值观的时代新人与中国特色社会主义事业的建设者和接班人,是新时代高校思想政治教育的必然要求。

为把党的二十大报告中关于"推进绿色发展,促进人与自然和谐共生"的重要精神有机融入课程教学之中,本课程在总结梳理习近平新时代中国特色社会主义思想,特别是习近平生态文明思想的立场、观点和方法的基础上,对教学内容进行了细致的设计,即从"自然"的概念出发,引导大学生主动思考人与自然关系的历史的、理论的、实践的演进过程,在对生态常识、生态理论、生态价值观的系统教学中,有机融入党的二十大报告中有关生态文明建设的重要理念和观点,进一步加深大学生对新时代中国特色社会主义生态文明建设的学习与认识。如在本章节的教学中,不仅对人与自然关系进行了历史梳理,引导学生从文明的发展演进出发理解"自然",更有意识地融入了党的二十大报告中"人与自然是生命共同体"的重要论断,帮助学生从中国式现代化发展的高度、从世界现代化发展的高度、从文明的高度重新审视人类与自然的关系。

正如习近平总书记所言:"杀鸡取卵、竭泽而渔的发展方式走到了尽头,顺应自然、保护生态的绿色发展昭示着未来。"伴随着世界范围内对人类发展与自然环境的更为深刻的思考,可以预见,生态文明教育必将进一步融入学校思想政治教育的日常化建设体系之中并作为高校开展各项教育的知识和价值前提,这是人类历史前进的必然,也是新时代高校建设的题中应有之义,更是上海大学开设"美丽中国"课程的初心和使命。"美丽中国"课程将在对习近平生态文明思想深入研究的基础上,进一步激发高校思想政治理论课教育教学的活力,以美丽中国建设的伟大成就进一步引导大学生坚定"四个自信"并形成正确的生态价值观,把对碳达峰、碳中和的知识学习转化为绿色低碳发展的行动实践,为生态环境保护事业、"美丽中国"建设培养具有生态情怀的专业技术人才。

通用英语C(1)

戴朝晖

戴朝晖,上海大学外国语学院副教授、副院长,上海大学课程思政名师工作室主持人。兼任上海教育技术协会外语专业委员会常务理事,上海外文学会理事。主讲"英语中级口译""通用英语(B)""通用英语(C)"等课程,获评2021年上海市重点课程。曾获上海市育才奖、上海大学多媒体教学比赛二等奖等,编著有《新思维大学英语综合教程(思政版)》《新编大学英语阅读教程》等教材。主持国家社科一般项目1项、教育部产学研项目等省部级课题多项。著有《慕课理念大学英语翻转课堂研究》等,发表论文10余篇。主要研究领域:外语教学理论与实践。

课程名称:通用英语C(1)

课程性质:公共基础课

课程学分:4.5

课程章节:第一单元 Family Relations

一、教学设计与思考

党的二十大报告以习近平新时代中国特色社会主义思想为指导,系统阐释了习近平新时代中国特色社会主义思想的世界观、方法论和贯穿其中的立场、观点、方法,深刻阐明了把马克思主义基本原理同中国具体实际相结合、同中华优秀传统文化相结合的基本内涵和实践意义,并提出用社会主义核心价值观铸魂育人,完善思想政治工作体系,推进大中小学思想政治教育一体化建设。

2016年12月全国高校思想政治工作会议上,习近平总书记强调,中国特色社会主义高校必须坚持以马克思主义为指导,培养和弘扬社会主义核心价值观;要坚持把立德树人作为中心环节,把思政工作贯穿到教育教学全过程。这一论述对新时代下的高等教育提出了新的要求。

外语教育本身具有鲜明的特殊性,需要直接面对国外意识形态和西方主流话语,其文化价值观常常渗透在语言背后。因此,外语教学不能简单地从国外"拿来"或"移植",而是需要有一个思想意识的过滤过程,有必要进行语言意识形态的甄别与文化价值取向的鉴别。如何透过语言意识形态进行价值观引导是当今外语教育必须认真思考并迫切践行的使命和责任。

深入学习党的二十大报告精神,发挥中华优秀文化的重要且独特的作用,弘扬社会主义核心价值观,强化价值引领,在学生心灵里下真善美的种子,使党的二十大精神进高校、进教材、进课堂,是外语类高校立德树人、培养一流外语人才方阵的根本之举,对培养新时代国际传播人才队伍意义重大。抓好"三进",从思想上扣上人生的第一粒扣子,从语言能力上掌握中国的外语话语标准,提升中国沟通世界的本领和能力,把习近平新时代中国特色社会主义思想有机融入外语教学研究和人才培养全过程,铸魂育人,培养更多青年学子"立大志、明大德、成大才、担大任"。这既是高等外语教育改革和人才培养的基础,也是培养心怀"国之大者"、担当复兴大任的社会主义接班人的重要举措。

二、课程简介

"通用英语 C"是面向全校非英语专业的公共基础课。课程以习近平新时代中国特色社会主义思想为指导,落实立德树人根本任务,深入挖掘各类课程和教学方式中蕴含的思想政治教育元素,践行将思政之"盐",融入外语课程之"水",从而发挥外语人在立德树人上的作用,并为建设适应新时代要求的一流本科课程打下基础。

"通用英语 C"使用课程负责人戴朝晖主编的《新思维大学英语综合教程(思政版)》。《新思维大学英语综合教程(思政版)》系列教材体现了国家教材委员会颁布的《全国大中小学教材建设规划(2019—2022 年)》、教育部颁布的《高等学校课程思政建设规划纲要》和高等教育大学外语教学指导委员会颁布的《大学英语教学指南》的原则及精神,结合《中国英语能力等级量表》的最新要求,在立足大学英语教学实践的基础上,融合了先进的外语教学理念,是一套集纸质版和智慧版于一体的立体化教材。教材在主题设置、材料选择和练习设计上力图忠实体现国家要求、立体化教材的特点以及教材编写宗旨,即思政引领、智慧赋能、守正创新。

"通用英语 C(1)"全方位体现课程思政特色为宗旨,遵循"知识传授""技能培养"以及"价值塑造"原则,从语言文字、话题内容、文化思维三大板块入手,由浅入深、由低到高、由易到难地系统安排而成。教学内容贯彻思政特色,并与语言输入相互融合,达到分则序列清晰、合则相互为用的效果。

本课程以活动和项目为核心,与移动互联网技术、富媒体资源形成互动,把教和学融入知识建构过程中,重视学生的过程性学习,通过信息化教育技术原理和手段与互联网无缝对接,依托雨课堂、灯塔阅读、批改网以及超星等教学平台、数字化资源库和云端学习平台,实现个性化、差异化教学。

三、课程设计原则

(一) 思政育人,立德树人

"通用英语 C"通过课前、课中以及课后教学设计,辅以立体化的教材内容,旨在提高学生语言能力、开拓国际化视野、培养跨文化交际能力的同时，塑造和引领学生的价值观，把"家国情怀、文化自信、人格养成"融入语言教学，并在语言学习与运用中得到全面的发展。各单元以社会主义核心价值观为纲，精心组织教材内容和课程思政知识点（表1）。

表1　单元分布与课程思政知识点

价值观体现	单元	主题	课程思政教学知识点
友善	Unit 1	Family Relations	通过学习家庭善意的谎言以及残疾画家的奋斗和爱情故事，使学生了解中西方文化的差异，坚定培养坚忍不拔、勤奋上进的良好品质信念
	Unit 2	Friendship and Affection	学习如何描述恋爱经历以及正确处理家庭成员的关系，帮助学生形成正确的世界观、价值观和人生观
诚信	Unit 3	Responsibilities	学习使用公筷保护公共安全卫生，通过共享单车经济的案例分析，强化公民责任意识，了解企业的社会责任
	Unit 4	Sincerity	通过人与人之间以及人与动物之间真诚相待的故事，培养以诚为本、真诚处世的品格
敬业	Unit 5	Trustworthiness	通过学习如何在工作中成为值得信赖的员工，认识学术诚信的重要性，树立敬业和诚信的品质
	Unit 6	Respect and Help	一个外卖骑手，在疫情防控期间不顾自己的安危，坚持给病人送药，以及"拼命黄郎"黄大年为祖国拼命工作、不幸病逝的感人故事，塑造尊重他人、乐于奉献的模范品格
爱国	Unit 7	China in the 21st Century	中国的数字高速公路和有效的防疫措施，给每位读者树立了坚强的爱国和自豪感
	Unit 8	The Chinese Dream	中国的体育强国梦以及文化梦，理解中国梦的真正内涵并为之奋斗

（二）分类要求，价值塑造

通过基础、提高以及发展三个层次的要求，使学生首先学会用英语正确表达思想，进而能够用英语讲述身边的故事，传递时代信息，最后能够运用批判性思维辩证地看待选材中作者的观点，进行跨文化对比，扩展思维的广度和深度，达到价值塑造的目的。

（三）应用为先,学用结合

融入中国传统文化传播的内容和中西文化交融的色彩,帮助学生利用英语提高"讲好中国故事"的能力以及在文化传播领域用英语进行交流的能力,培养学生做正能量的坚定信仰者、积极传播者、模范践行者。

（四）重在使用,以用带改

重视教材的"活用",把教材编成、用成"活书",带动大学英语教学模式的改革,应用网络平台、教学 APP、二维码技术,把网上优质教育资源嵌入教学内容,实施基于课堂和在线课程的翻转课堂等混合式教学模式,使课堂教学与基于网络的学习无缝对接,提升学生的数字化学习能力。

四、实施路径

"通用英语 C"是一门大学英语公共基础课,学生英语基础有限,在课程思政设计中,体现层层推进的思政育人效果(图 1)。

课程以"全方位体现课程思政特色"为课程资源设计准则,按照语言文字、话题内容、文化思维三大板块,由浅入深、由低到高、由易到难地系统使用教学资源。教材和资源内容贯彻思政特色,思政特色与语言输入相互融合,达到分则序列清晰、合则相互为用的效果。

（一）导入材料挖掘思政内涵

这一单元的主题是 Family Relations,在课文导入阶段,首先让学生听一段小故事,名为"Elderly Chinese couples renew marriage vows",故事中讲的是一对老年夫妻,虽已结婚多年,但当初结婚时,限于环境和条件,没有正规的仪式,仅是几位同事一起的聚餐,50 年后,这对老年夫妻坚持再拍一次结婚照,再重温结婚誓言的故事,由此提出讨论题——"为何一把年纪了,还要重温结婚誓词?结婚誓词对家庭关系的维系有什么样的作用? 中西方有差异吗?"。

接着让学生欣赏中西方结婚誓词,在学习语言知识的同时,让学生了解到上

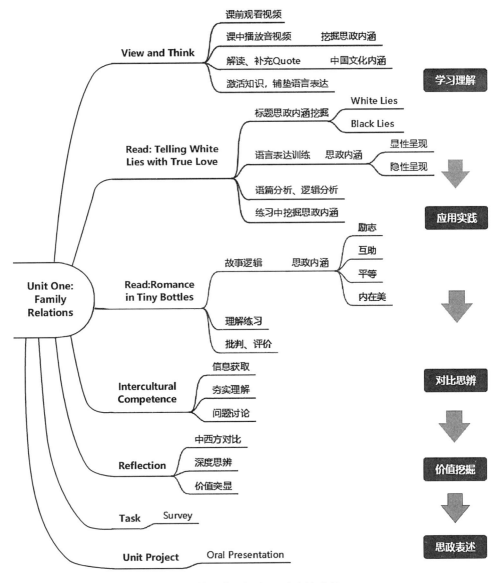

图1　第一单元课程思政实施路径

海市民政局制定的《上海市结婚登记颁证工作规范》中第十九条第四款的规定，在颁证的程序中，新婚当事人需在国徽、国旗下宣誓，推行新人登记结婚时的颁证、宣誓等制度，由此引申出本单元家庭责任感、真诚守信等课程思政的核心概念。

在中外名言警句思政内容方面，本单元选用了孔子的"欲治其国者先齐其家"以及 J. K. Rowling 的"Family is a life jacket in the stormy sea of life"等名言(图2),通过图片故事等展示,使学生了解到所谓国家,就是国和家联为一体,不可分割。家者,国之小也;国者,家之大也。家庭是小国,国是一个大家。无数个家庭组成一个国家。把国比成一个肌体,那么一个个小小的家庭就是这个肌体的细胞。只有每个细胞都健康了,才能确保肌体的健康。当然,肌体的每个细胞也是需要营养来保证其正常运行,以此培养学生的家国情怀。

图2 从名言警句中领悟思政内涵

(二) 从文章标题中理解多元文化内涵

本单元的标题是"Telling White Lies with True Love",在解释该标题的含义之前,教师让学生思考什么是 white lies,既然有 white lies,那就一定会有 black lies,这两者的意义区别是什么? 由此引申出中西方对于"白色"这个颜色词内涵的差异,让学生比较"白色恐怖""白痴""白眼狼"等词的英译以及 a white soul(纯洁的心灵)、white days(吉日)、white list(白名单)等英文词的中文译文,并了解中西方其他颜色词的差异。

在梳理了 white lies(善意的谎言)以及 black lies(恶意的谎言)的定义之后,引发学生讨论 A 篇的主题思想。A 篇讲的是奶奶身患不治之症,但中国家庭成员为了奶奶能快乐且安心地度过剩余的时光,集体选择对奶奶隐瞒病情,远在他国的孙子甚至特意将婚期提前,为的就是能在奶奶不多的时光中,家庭成员最后欢聚一次,了却奶奶在离世前的遗憾。在最后离别的时候,大家虽心中万分不舍,但也不得不面带微笑,与奶奶辞别各自回到家中,尽管大家都知道,此一别,估计永无再见之日。而家庭成员中来自美国纽约的 Billi 却不能理解中国家庭中集体向长辈隐瞒病情的行为,一直纠结于是否要向奶奶坦白她的病情。

教师据此让学生根据课文内容讨论:如果你是家庭成员的话,是否也会如他们一样,对奶奶实施"善意的谎言"行为。

(三) 从文章内容中挖掘思政价值内涵

在了解课文标题含义并作了深入讨论后,教师要求学生根据故事主线,复述 A 篇和 B 篇的故事内容,在复述过程中,关注课文中的课程思政内容的显性和隐性呈现,并加以讨论,深入挖掘课文内容中的思政价值内涵,并使学生了解人文学科的价值观,主要是以隐性的方式存在于作者的表述之中。在文字选用上,了解如何通过文本分析作者的价值观和立场。

(四) 通过以学生为中心的活动设计,促进高阶思维

基于外语学习重复提取优于细化编码的原则,本单元设计了对于学习内容的反复应用,在加强语言知识的训练、巩固提高学生的基本语言能力的同时,通过应用实践、分析论证的办法,讨论诸如中国文化中"孝"的含义、家庭观的定义等。

基于 B 篇内容,本单元设计了思辨题,抛出"Life consists of not only joy and success, but also difficulties and failures. How do you generally respond when you encounter difficulties and failures?"等问题,引导学生批判和评价,培养学生的批判性思维能力。

教师用《阿甘正传》中的巧克力人生哲学为引导,培养学生知难而上、永不气馁、执着努力的积极向上的人生观和思想品质,体现了外语课程思政教育的内容。

(五) 多元对比,形成价值观

在此部分的教学中,教师精心挑选了几类家庭关系类型,如虎爸虎妈、妈宝男、影子父亲等,在对比国外不同家庭类型的同时(如直升机父母、铲雪车父母等),引导学生讨论自己当前的家庭关系属于哪一种类型,以及自己理想中的家

庭是什么类型。在中西方多元文化对比过程中,发挥学生的批判性思维能力,强化学生的家庭关系意识,培养学生基于中国文化的家国情怀。

因此类活动与学生生活密切相关,所以学生均踊跃参与。除分析了不同文化中的家庭关系外,不少学生还自行寻找课外资源,补充到这些家庭关系类型中,丰富了课堂教学内容,活跃了课堂气氛。

(六)课后任务,夯实能力

在本单元的最后,教师给学生布置了思维导图,要求学生根据思维导图,开展调查研究,整理所获得的原始资料,给出约3分钟的口头报告。这项活动既训练了学生的语言能力,在分析数据的过程中,为学生今后的创新研究打下基础,培养了学生的创新能力和意识。

五、教 学 总 结

"通用英语C(1)"作为大学英语基础课程,通过对单元内容的合理设计,既提高了学生的语言能力,也培养了学生的思辨能力、批判性思维能力,深化了每个单元的思政主题。本课程的教材有纸质版和智慧版,智慧版是纸质版的网络扩展。课程采用多元评价办法,也有利于促进学生的互助理念与学习。

服务贸易与规则

贾利军

贾利军,上海大学悉尼工商学院经济金融系主任,硕士生导师,兼任上海市世界经济学会常务理事,上海世界经济学会上海大学新兴经济体专业委员会副主任。主讲"服务贸易与规则""出口商品展销与交易谈判""国际贸易实验"等实践类课程。指导学生多次在全国高校商业精英挑战赛国际贸易竞赛中获特等奖、一等奖。主持多项国家社科、省部级课题。2020年,参与多份咨政专报撰写,并有多份获得省部级以上批示。在SSCI、CSSCI期刊发表多篇论文。主要研究领域:区域经济、国际经济与合作、国际贸易。

课程名称:服务贸易与规则

课程性质:专业选修课

课程学分:4

课程章节:第八章　数字服务贸易赋能我国贸易高质量发展

一、课程设计背景

党的二十大报告中指出:"推动货物贸易优化升级,创新服务贸易发展机制,发展数字贸易,加快建设贸易强国。"这是以习近平同志为核心的党中央站在新的历史起点上,统筹中华民族伟大复兴战略全局和世界百年未有之大变局作出的重大战略安排,为新时代新征程贸易强国建设指明了前进方向,提供了根本遵循。

有机融入党的二十大精神,要顺应历史潮流,统筹国内、国际两个市场,推进高水平对外开放,促进服务贸易创新发展。抓住数字经济发展的机遇,培育数字贸易新业态新模式,建立健全数字贸易治理体系,加快发展数字贸易,建立健全促进政策,积极参与国际规则与标准制定,打造建设贸易强国的"新引擎"。

二、明确课程目标

为了切实让党的二十大精神在课程教学中落地生根,在"服务贸易与规则"课程"数字服务贸易赋能我国贸易高质量发展"章节中,融入党的二十大报告提出的"创新服务贸易发展机制,发展数字贸易,加快建设贸易强国"的指示精神,让学生更有动力理解数字服务贸易的深刻内涵,把握我国数字服务贸易的发展现状,梳理当前关于数字服务贸易研究的进展,提出数字服务贸易发展的新方向以及促进我国向贸易强国转变的新路径。

三、创新授课模式

本节课采用"课内点拨—课外研究—课内讨论"的闭环模式,更好地帮助学生理解数字服务贸易赋能我国贸易高质量发展相关内容,同时提升学生的文献评述能力以及汇报展示水平。

(一) 课内点拨

教师先在课内讲述数字服务贸易、服务贸易的数字化转型等相关概念及理论,传达学习党的二十大报告中关于"发展数字服务贸易,加快建设贸易强国"的指示精神,分析我国及世界主要国家数字服务贸易发展的现状,提出"服务贸易数字化与中国如何应对"的问题。

(二) 课外研究

选出6位学生根据教师提出的"服务贸易数字化与中国如何应对"这一问题,按照要求分为3个小组,将上述问题分为3个小专题,每个小专题调研30篇以上相关文献,并根据文献调研情况进行梳理与评述,提出中国的应对策略。

回到课内讨论。学生在课内就自己小组的调研情况向全班同学汇报和讨论,由教师进行点评,以点带面,使得学生都能够对这一主题的前沿研究进行把握,共同探讨我国发展数字贸易的路径。

四、升级授课内容

(一) 课内讲授

提出数字服务贸易赋能我国贸易高质量发展,并对授课内容作了升级,包括:

1. 相关概念的解释

数字经济、数字贸易、数字服务贸易、经济的数字化转型、服务贸易的数字化等概念。

2. 中国数字服务贸易发展现状

包括数字服务贸易的发展及意义、中国数字服务贸易的发展现状;中国服务贸易交易会的数字化技术;世界主要国家服务贸易优势产业及政策建议;数字技术如何与实体经济深度融合,催生服务业的新业态新模式,激发服务贸易发展潜力。

3. 中国发展数字服务贸易,促进贸易强国的路径

主要从宏观、中观、微观三个维度介绍中国未来数字贸易发展路径。教师结

合相关主题理论逻辑与实证研究的文献进行专题讨论,帮助学生理解数字经济赋能经济高质量发展的机制机理、数据要素市场的高质量发展、数字经济与农业等实体经济的高质量融合发展、数字经济赋能经济高质量发展存在的挑战及政策建议。

(二)课外研究

经过教师对当今服务贸易数字化的详细介绍与讲解,学生对于党的二十大报告所展现的精神和发展规划有了更加深刻的见解。围绕服务贸易数字化这一课题,教师向这6位学生布置自主学习与研究的任务,要求通过查阅相关文献、总结学者研究等途径深入了解数字服务贸易,形成文献综述,并在后续的课堂上进行成果展示。

要求6位学生经过讨论,分成3个小组,分别研究"数字服务贸易"议题下的3个小主题,即数字服务贸易的形成与发展脉络、数字服务贸易在各领域的发展、数字服务贸易的影响以及中国应对。

1. 数字服务贸易的形成与发展脉络

要求第一组学生阅读30篇以上中英文文献,从本质入手,首先进行"数字贸易"与"数字服务贸易"两个概念的辨析与界定,然后着眼全球数字服务贸易发展的现状与特点,分别展现当前欧美的主导情况、发达国家与发展中国家的发展差距和数字服务贸易规则的两大模板等内容,另外,要求学生对于国内外数字服务贸易相关政策进行总结。

2. 数字服务贸易在各领域的发展

要求第二组学生将目光转向数字服务贸易在各领域的发展状况,通过阅读国内外30篇以上相关文献,聚焦ICT(信息通信技术)、旅游、传媒和金融四个主要领域进行研读。

3. 数字服务贸易的影响以及中国应对

要求第三组学生聚焦数字服务贸易所带来的影响及问题,梳理学术界30篇以上相关文献,总结出中国面对相关问题时的应对与对策。首先,按照从大到小的路线,逐步深入,一一梳理数字服务贸易对于全球特别是中国的影响与作用;其次,总结我国数字服务贸易的发展存在的问题;然后,针对这些问题,总结学术界对中国应对的研究与分析,发现我国将通过加强数字服务贸易顶层设计、推进数字基础设施建设和优化数字服务贸易结构等措施积极应对挑战,开辟属于自己的发展道路。

按照设计,每组学生都对各自所关注的课题进行深度且大量的文献查阅及研究,通过协同合作,掌握并概括其核心观念,同时也能找出现有文献的不足之处,形成一篇逻辑清晰、内容丰富的文献综述,提高学生的学术能力。

(三) 课内讨论

学生通过课外针对数字服务贸易的自主学习与实践,形成了自己的深刻见解与学习成果。带着满满的收获与总结,大家迎来了可以畅所欲言、分享学习成果的课堂。课上,学生轮流登上讲台,结合丰富而清晰的PPT,用洪亮有力的声音、富有逻辑的语言介绍小组的研究成果。首先,组长向大家简单介绍组内各成员的分工思路,将本组的写作脉络展示出来。接着,每两人一组进行展示。台下,教师和其他学生认真听讲,随着讲解进行深入的思考。对于一些描述不清或逻辑不太清楚的问题,老师会礼貌打断,指出这些问题,并给出可参考的修改建议,只为让学生的文献综述和报告更加完善。展示结束后,台下的学生也会根据其中的内容举手提出自己的疑问,展示的学生都会给出自己的解答。班上的讨论总是热火朝天,从未有冷场的时刻。

五、教 学 总 结

通过学习,使学生加深对服务贸易数字化的理解,明晰党的二十大报告对于抓住数字经济发展机遇、提高贸易发展水平的精神;深刻意识到国家的发展与课堂所学知识息息相关且十分契合;通过大量搜寻相关文献进行阅读与理解,不仅增长学生的见识,也锻炼学生在学术研究方面的技能;通过这门课的学习,学生不仅能收获丰富的专业知识,同时也提高了实践能力,让学生真切地感受"课上听讲学习+课下自主探索"这一学习模式的意义。

科技与伦理

戴益斌

戴益斌,上海大学马克思主义学院副教授、硕士生导师,马克思主义学院青联会主席。主讲"科技哲学导论""古希腊哲学专题"等课程。著有《戴维森的真之理论》。主持多项国家青年课题、省部级课题。发表论文和专业文章近20篇。主要研究领域:分析哲学、科技伦理。

课程名称:科技与伦理
课程性质:核心通识课
课程学分:4
课程章节:"人工智能伦理专题"之"人工智能及其伦理规范"

党的二十大报告指出："我们要坚持教育优先发展、科技自立自强、人才引领驱动,加快建设教育强国、科技强国、人才强国,坚持为党育人、为国育才,全面提高人才自主培养质量,着力造就拔尖创新人才,聚天下英才而用之。"习近平总书记的这一论断高屋建瓴,指出了我国教育的发展方向,提出了科技自立自强的总体目标,对我们更好地建设"科技与伦理"这门课程具有重要的理论价值和启发性意义。

科技自立自强涉及众多方面,伦理视角显然是其中的一个重点内容。从伦理视角出发,为人工智能的发展保驾护航,是科技自立自强的内在要求。从科技与伦理之间的关系出发,启发学生思考人工智能发展过程中可能带来的伦理问题,培育学生的问题意识;在思考人工智能伦理问题的基础上,提出可能的解决方案,培养学生解决问题的能力;结合国家新一代人工智能治理专业委员会发布的《新一代人工智能伦理规范》,培养学生的责任意识。

一、教 学 目 的

(一) 知识传授

通过对"新一代人工智能伦理规范"等内容的阐述,使学生掌握负责任的人工智能伦理的基础理论知识与问题域。

(二) 能力培养

结合人工智能的责任难题、侵犯隐私等相关案例,提升学生思考问题、解决问题的能力。

(三) 价值塑造

基于人工智能伦理领域的一些经典和前沿问题的探讨,更好地思考如何从伦理角度促进科技自立自强等问题,明确科技向善、以人为本,从而善用科技为人类服务。

二、教学重点与难点

(一) 教学重点

掌握人工智能伦理的基本伦理规范,学会用相关理论分析人工智能伦理相关问题。

(二) 教学难点

人工智能伦理规范的实践有效性剖析。

三、教 学 方 法

(一) 案例分析法

以鲜活的案例增加吸引力和感染力。从人工智能与人的关系问题、自动驾驶致死、人工智能侵犯人类隐私等案例入手,引发关于人工智能技术与人类发展关系的思考。

(二) 问题逻辑教学法

通过设立一些研究型挑战性问题,提高学生的批判性思维能力与研究能力。

(三) 小组讨论

组织课堂自主讨论。

四、教学过程安排

(一) 导入(5 分钟)

1. 承上启下

回顾上节课"科技与伦理的互动"等相关内容,导入新课。

2. 启发式教学

人工智能的发展在给社会带来诸多积极影响的同时,也带来了很多伦理问题。人工智能与人存在何种关系?人工智能对就业问题有何影响?如何处理人工智能的责任难题?这些问题都值得深入思考。

(二)知识点讲解之一:人工智能的概念与特征(10分钟)

(1) 人工智能的定义:"人工智能之父"约翰·麦卡锡(John McCarthy)认为,人工智能是制造智能机器,尤其是智能计算机程序的科学与工程。

(2) 人工智能的特征:以数据作为支撑;算法是核心;具备一定程度的智能;不具备可解释性。

(三)课堂讨论之一(5分钟)

引导性话题:人工智能的发展可能给社会带来哪些积极影响?

在讨论这些积极影响的同时,结合一些西方国家打压我国高科技发展相关案例和党的二十大报告中的相关论述,明确我国发展人工智能的必要性以及实现人工智能自主自立发展的重要性。

(四)课堂讨论之二(5分钟)

引导性话题:人工智能的发展可能导致哪些问题?根据课堂情况选择其中任一内容进行自主讨论。

(1) 人工智能是人类的工具还是人类的朋友?
(2) 人工智能致害事件由谁负责?
(3) 人工智能可能导致大面积失业吗?
(4) 人工智能是否可能超越人类?

(五)知识点讲解之二:人工智能伦理规范(15分钟)

(1) 我国新一代人工智能治理专业委员会发布的《新一代人工智能伦理规范》指出,人工智能各类活动应遵循以下基本伦理规范:增进人类福祉;促进公平公正;保护隐私安全;确保可控可信;强化责任担当;提升伦理素养。

(2) 人工智能伦理规范在实践过程中可能遇到的挑战:个人身份模糊不清,"人类福祉"意义并不明确;如何促进公平公正,需作进一步澄清;个人隐私与数据需求之间存在若干张力;等等。

（3）案例分析：人工智能"电车难题"。自动驾驶版本的"电车难题"来源于传统的"电车难题"，可以归为两种典型情境：第一种，一辆自动驾驶汽车正在按交通规则正常行驶，忽然三个小孩跑到车道前方，此时汽车该如何决策？第二种，一辆自动驾驶汽车正常行驶到隧道入口时，忽然1个小孩跑到车道前方，此时汽车该如何决策？

人工智能"电车难题"反映了功利主义与义务论之间的冲突，体现出自利原则和利他原则之间的冲突，同时也表明在一些情境下，"增进人类福祉"与"促进公平公正"之间存在若干张力。

（六）课程小结（3分钟）

（1）人工智能的发展促进了社会的整体进步，但同时也带来了诸多伦理问题。

（2）人工智能伦理规范在整体上是有效的，但在具体实践过程中会面临着有效性的质疑与挑战。

学生的反馈与思考呈现出多元性，显示这些问题的讨论具有前沿性和挑战性。（引出下一节人工智能伦理几种可能的解决方案）

（七）布置讨论题、作业与延伸阅读（2分钟）

1. 讨论题

（1）人工智能存在哪些可能的伦理规范？这些规范之间有无矛盾与冲突？

（2）结合人工智能伦理的某一具体案例，谈谈你对人工智能伦理的认识。

2. 延伸阅读

（1）莫宏伟：《人工智能伦理导论》（西安电子科技大学出版社2022年版）。

（2）周丽昀等：《科技与伦理的世纪博弈》（上海大学出版社2019年版）。

五、学 理 思 考

科技自立自强的根本在于人才，人才培养的根基在于价值观的塑造。"科技与伦理"这门课程以"科技向善"为基本理念，通过分析当今社会主流科技可能带来的伦理问题,培育学生担负以人为本的责任担当,引导学生学会用伦理规范科技的发展,提高学生的综合素养与批判性思维能力,深化学生的科技化时代伦理意识、负责任的研究意识与创新凝聚智慧意识,符合科技自立自强的整体目标。

人工智能是当今社会的核心技术之一,是我国实现科技自立自强的一个重要科技领域。从伦理方面规范人工智能的发展方向有助于我国更好地发展人工智能。本节课从人工智能伦理维度出发,结合相关案例,让学生明确人工智能自主自立发展的重要性和必要性;通过思考人工智能可能带来的伦理问题,提出人工智能总体性的伦理规范,启发学生思考伦理规范的可行性与实践领域的有效性,培育学生责任担当的科技伦理意识。

英语语言学概论

李晓媛　唐青叶

李晓媛，博士，上海大学外国语学院英语系副教授，大学外语部主任，讲授"英语语言学概况""高级英语听力""心理语言学"和"应用语言学"等课程。2009年毕业于上海交通大学，并取得博士学位。2019年在新南威尔士大学做访问学者。曾在权威核心期刊发表文章数篇。主要研究领域：二语习得与外语教学。

唐青叶，上海大学外国语学院教授、博士生导师、副院长，上海大学话语研究中心主任，兼任高校区域国别学人才培养与学科建设联盟副理事长、中国英汉语比较研究会中国功能语言学研究会常务理事、国学双语研究会常务理事。主讲的"中国与全球化"获上海高校外国留学生英语授课示范性课程和教育部来华留学英语授课品牌课程，主讲的"英语语言学概论"获上海市高等学校一流本科生课程，主讲的"话语分析"获上海市研究生课程思政示范课程和示范团队。主持多项国家社科基金重大项目、一般项目、上海市哲社规划基金项目等。出版专(译)著4部，在SSCI、CSSCI等核心刊物发表论文40多篇。主要研究领域：功能语言学、话语分析、对外话语体系。

课程名称：英语语言学概论

课程性质：专业必修课

课程学分：2

课程章节：语言与文化

"乐趣伴读"(Buddy Reading)是"英语语言学概论(2)"课程实践活动,2023年1月15日至2月6日,共持续20天。项目由7名英语专业学生做领读员,带领6个小组共计56名非专业学生阅读英文原版书。选取的书目是 *Closer to Heaven: A global nomad's journey through China's poverty alleviation*。通过伴读计划,学生提高了英文阅读能力,推动了思维的碰撞与思辨,在提升学术素养的同时,培养了多元视角、跨文化意识和批判性思维能力。

一、设 计 初 衷

(一) 理论和实践相结合,课题项目助力课程设计

"英语语言学概论"课程是英语专业高年级专业必修课,分为两个学期授课。秋季学期的"英语语言学概论(1)"主要讲授理论语言学的相关知识;冬季学期的"英语语言学概论(2)"主要讲授应用语言学理论、实践和方法。"英语语言学概论(2)"课程要求学生能够学以致用,用语言学的视角观察生活和探索世界,例如社会语言学、语言与文化、外语教学以及心理语言学。这门课的设计难点在于启发学生找到感兴趣的研究问题,用语言学视角和方法解读身边的语言现象和解决语言学习的问题。本课程每个学期10周20课时,内容多,时间压力较大。为了探索一条课内外相结合的有效培养路径,"英语语言学概论"课程组和大学外语部联合发起,利用寒假组织学生围绕本课程开展课外实践项目,主题是"乐趣伴读",目的是通过同伴阅读和讨论,连接语言与社会、文化、外语教学等章节的学习。

本课程的主讲教师为唐青叶和李晓媛,课程融入了两位教师的研究专长。唐青叶教授是国家社科基金重大项目"改革开放以来中国贫困治理对外话语体系的建构与传播研究"首席专家。在她的指导下,学生的阅读不仅止于词句层面,还从话语分析视角解读文本的跨文化、多模态信息,深度挖掘文本背后的社会文化因素;李晓媛副教授专攻二语习得与外语教学,在她的指导下,领读员尝试以"教"带"学",用课程中学到的教学理论指导阅读活动,从设计到实践的每一步都做到有章可循、科学合理。两位老师合作设计本课程的教学。

(二) 用英语理解、讲述中国,用科学的方法学习语言

本课程设计融合了冬季学期课程多个章节的内容,是一次综合性的课外训

练,是对学生语言学理论应用的综合检验和考查。

根据本课程第 8 章(语言与社会)和第 9 章(语言与文化)的内容,两位教师拓展了课程内容,认为学习英语并非只为了要学习听说读写技能本身,更重要的是将来能用外语服务于国家,在国际舞台上讲好中国故事,传播好中国声音,为提升中国国际话语权作出贡献。因此作为外语学习者,学生既要了解国情,熟知中国的好故事,也要知晓世界是如何看中国的,外国人是如何讲述中国故事的,他们的思维和话语体系跟我们有什么异同,这样有助于学生理解并构建融通中外的对外话语体系,从而提升中国话语的国际影响力。为此,两位教师尝试让学生一起读一本关于中国的英文原版书,既能提高语言能力,了解英语世界里的当代中国,也切实感受到跨文化差异,从而提高学生的文化自觉与文化自信。同时,根据本课程第 10 章(语言习得)和第 11 章(第二语言习得),语言的掌握,无论是第一语言还是第二语言,都应在可理解的真实语境下自然实现,在心理放松和不反感的情况下接受;阅读"是目前全世界最常被提及的心流(Mind Flow)活动",在轻松的环境中坚持大量阅读是提高英语能力的好方法。"语言与社会"和"语言与文化"的两章内容为后面的语言习得章节的学习提供了内容,因此本次设计以"语言与文化"章节为参照。"乐趣伴读"在全校范围内招募"阅读小伙伴",本课程的英语专业学生作为领读员组织"阅读小伙伴"进行伙伴式共读,惠及全校更多学生,丰富寒假生活。伴读是提高阅读兴趣的有效方式,学生通过分享阅读经验,激活阅读动力,促进相互影响,共同爱上阅读。

二、教 学 设 计

(一) 活动时间

2023 年 1 月 15 日至 2 月 6 日(春节休息三天)。

(二) 阅读书目

Closer to Heaven: A global nomad's journey through China's poverty alleviation

该书 2021 年由五洲传播出版社出版,作者是《中国日报》的美籍资深记者 Erik Nilsson。他是"中国政府友谊奖"获得者,在中国待了 16 年,其间他不仅积极报道中国扶贫实践和成果,还成为中国扶贫的参与者、实践者和记录者,被誉为"新时代的埃德加·斯诺"。他在过去十几年时间里一直在中国采访报道,走遍了全国各个省份。整本书从他在汶川地震的经历开始,依次写到了他在四川、西藏、贵州、内蒙古以及其他省份的见闻,展现了一个外国人眼中的中国发展图景。这本书有助于学生了解当代中国,特别是外国人眼中的中国以及学习如何用地道英文描述当代中国发生的事情。

(三)活动形式

1. 课后打卡

学生根据领读员的要求每日在群内打卡。打卡内容包括书籍中的好词好句、地道的表达、生词、章节结构框架、对于提出问题的思考或者提出新的问题、体会感悟(拓宽视野的地方、思维碰撞的地方、不认同的地方、因文化差异导致的不同解读、可以运用到实践的地方)等。

2. 读书报告会

由领读员组织"小伙伴"开展线上交流分享会,定期进行读书交流,例如由领读员进行背景导入、生词介绍,对所选章节基本脉络进行交流;"阅读小伙伴"选择自己喜欢的语段进行阅读,并分享观点想法;听众可以针对自己感兴趣的部分对发言者进行提问和交流,营造轻松愉悦的讨论氛围;从跨文化交际角度考虑不同语言文化的表达特点、思维方式和文化语境;从阅读与思辨方面考虑说话人的立场、前提和表述的有效性等;从二语习得角度讨论语言学习过程中的困难和收获;从生活实际中取材,联系生活经验进行思考和比对,通过阅读外国人眼中的中国故事,进一步加深对发生在自己身边的中国现实问题的关注和情感投入;从中国扶贫实践和成果方面讨论中国扶贫政策和措施的可行性和有效性,提高对中国国情和中国发展的认识。

3. 经典文段翻译

领读员选择经典文段组织翻译。每个成员分享自己的翻译文段,指出认为自己翻译得好的地方以及翻译过程中的疑惑。听者可以记录并就相关问题进行讨论交流。

4. 辩论会

根据书中的内容形成辩论题目,提出当前阶段阅读过程中的疑问或者不认同的地方,注意回答问题的学生的观点及其回答顺序,形成"表述—质疑—反驳"的路径。

代表性问题节选：

（1）What does the word "it" and "them" refer to in the last sentence?

> My nightmares have mostly stopped.
> I don't know if theirs have.
> Everything convulses and buries me.
> I snap up in bed like a mousetrap. I soon realize it never actually happened — at least not to me in real, waking life.
> It did to them.

（2）Why does the author mention this placard?

> In the ruins of Pingwu Middle School, I saw a blue placard with white letters that read: "Peaceful classroom".

（3）What's Xue's understanding of travelling?

（4）According to the teahouse manager Zhao Yangbo, what life lesson did the disaster teach the residents in Deyang City?

（5）How to understand the chapter title "healing in time"?

"阅读小伙伴"精彩对答：

（1）引发热烈讨论和思维碰撞。

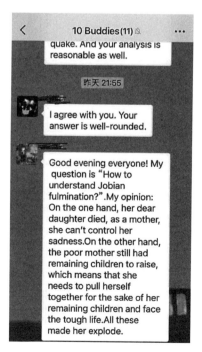

（2）加深了对中国扶贫的认识。

> **第1天**
> ☑打卡 Buddy Reading每日打卡Day1
>
> **DAY 1**
>
> As an undergraduate student, although I have no chance to participate in the poverty alleviation, I have been devoting myself to volunteer activities for years. In recent years, the country has carried out the work of poverty alleviation and universities have also carried out targeted programs such as the supporting education by postgraduate students. After planing and organizing countless volunteer programs in campus, I have seen those who participate in a one-year supporting education for graduate school or employment, those who gave up halfway, and I've also seen those who was born in the mountains and resolved to return home to teach, and those who stick to the position despite illness. What is really precious is the sincerity of persisting in serving and helping people with kindness and enthusiasm. Fortunately, in this complicated society where utilitarianism prevails, we still have such a group of people who always ready to bring warmth and inspiration to others, like Nilsson.

（3）加深了对生命的感悟。

> **Reading Comments**
>
> Today i'd like to focus on the question 2,talking about what is life.
> Especially from the point of view of pain. That is,the relationship between pain and life.
> There are two types of pain in the world.First is physical pain like tooth ache, body ache,back ache,nick pain etc. And second is heart pain.
> This pain has not any medicine yet and it is only reduced by hearing it.For the first time when you face the pain you feel like going mad,as HeiBaiYuan did.
> Pain plays an important part in your life.Everything created by god is for our benefits, so do as with pain.Pain is necessary.It opens our heart and mind.It makes balance in our life.
> We should take comfort that while we may have more still to endure, better days will return,we will be with our friends again.We will be with our families again,we'll meet again.That's what Elizabeth said on her delivery.
> I have never experienced the sufferers they suffered,and thus have no right to ask them to relieve the sorrow.Putting myself into their shoes,I would try to wear a cheerful expression all day long.

三、教 学 总 结

  本次"乐趣伴读"活动尝试用语言学课程的理论指导课外学习,融入中国发展的故事,让英语专业学生带领非英语专业学生一起领略语言的奥秘、语言中的个体特质和民族精神,为培养兼具外语技能和国际传播能力的人才作出努力。外语类专业学生长期置身于目标语文化语境,中国故事提供了丰富的教学资源,可帮助其他学院的学生深入理解中国国情、民情,涵养家国情怀、国际视野和自觉自信的中国文化意识。在未来的教学中将坚持以立德树人为根本任务,继续开展形式多样的"乐趣伴读"项目,打造本课程优质课外学习平台,进一步提升学生的外语运用能力、国际视野和跨文化传播能力。

高级口译 A(2)

朱巧莲

朱巧莲,译审,上海大学外国语学院副教授、硕士生导师、MTI 教育中心执行主任。上海市高等学校一流本科课程"高级口译"负责人,上海高校课程思政"高级口译"领航课程负责人。曾赴美国、英国、澳大利亚三国访学。在《中国高等教育》《上海翻译》《外语电化教学》《新闻爱好者》等期刊发表论文十余篇,出版著作二十余部。曾为多位外国政要、诺奖得主担任过口译。主讲英语专业本科口译课程和 MTI 口笔译课程。曾获上海市育才奖、上海市优秀教材奖、上海市教学成果奖。主要研究领域:口译教学、翻译理论与实践。

课程名称:高级口译 A(2)

课程性质:学科基础课

课程学分:2

课程章节:第 9 讲

一、本章节基本信息

教学目标	在"高级口译A(2)"中,教学方法从"高级口译A(1)"的"口译技巧"主线向"译员素养"主线转变。"译前准备策略与访谈口译实践"是第9讲的重点讲授内容,本节课将针对口译实践中碰到的真实问题,如译前准备、术语一致、语篇连贯、语速快、句型复杂、冗余等提供思路、策略和方法。具体而言,教学目标有以下三点: 知识层面。本次课口译专题为"党的二十大报告中有关经济方面的重要概念理解",选自CGTN BIZtalk(财经新观察)的一期现场采访视频(全英文)。主题知识涉及对访谈嘉宾有关"中国式现代化"阐释观点的正确理解,以及相关术语的正确表达。 能力层面。通过本节学习,使学生熟悉和掌握译前准备的策略和方法,学会如何做到围绕口译专题的知识、技能、语言三方面的准备。使学生在口译活动中提高跨文化沟通意识和思辨能力,最大程度地保证口译效果。 价值引领层面。采访围绕党的二十大报告关于"中国式现代化"的论述展开,具有较深的思想性和思辨性。苏州大学的Victor Gao教授和清华大学经济管理学院Michael Powers教授就党的二十大报告对经济方面的影响给出自己的理解。通过该口译活动,加深对党的二十大报告精神的理解,引导学生学会在全球语境中讲好中国故事、构建中国对外话语体系、树立人类命运共同体意识和四个自信。
教学重点与难点	重点:针对访谈口译专题的译前准备策略;口语体的特点(语速快、复杂句、冗余等)与口译策略。 难点:重要术语表达的准确度;语言转换中的跨文化思维;讲话人语速快时的笔记策略。
课前、课中及课后安排	课前安排学生预习党的二十大报告第三部分"中国式现代化"部分双语版以及重要概念的笔记符号。课中先讨论术语翻译、语言难点、笔记准备等,再进行口译实践,讲解访谈口译的重点和难点。课后安排学生自主口译练习和写口译反思等。
课堂实施流程	导入 / 针对译前准备策略展开讨论 / 12分钟 听力热身 / 主持人的背景介绍和嘉宾介绍 / 8分钟 口译实践与讨论 / 看视频并进行口译实践。对于上台示范的学生,由教师进行评价与反馈,并进行生生评价 / 45分钟 口译实践与自我评估 / 看视频,进行口译实践并录音,开展自我评价 / 15分钟 总结 / 总结访谈专题口译的难点等,布置作业 / 10分钟
课后教学反思	根据学生上课的反馈对教学内容进行批注和修改,记录学生的语言和策略难点,将新的案例纳入教案

二、教学内容与方法设计详解

教学内容与方法设计	说　明
（一）问题导入	12分钟
针对译前准备策略展开讨论。 　　(1) 主题知识准备：党的二十大报告第三部分的中心思想是什么？新时代新征程中国共产党的使命任务、核心概念是什么？中国式现代化的概念是什么？	采用启发的形式，培养学生的口译思维，拓展知识和提高学生的双语表达能力
(2) 语言重点：重要概念与相应表述？如"中国式现代化"的多种表达；"精神文明"为什么不能翻译为 spiritual civilization？"文明发展道路"为什么不能翻译为 civilized development road 而是翻译为 a model of sound development？"文明"的有哪几种译法？	术语需一致且准确
(3) 口译笔记准备：准备了哪些笔记符号和策略？如"中国式现代化"笔记为"中 mod"；"着力推动高质量发展"的笔记为"↑hiFZ"；"深远影响"笔记为"大↓"等。	译前准备也应该包含制定口译笔记策略，创造高频词汇的符号
（二）听力热身	5分钟
播放视频，观看主持人开场白介绍话题背景和嘉宾。教师提出问题讨论： 　　你从主持人的介绍中了解到的关键信息是什么？ 　　主持人语速非常快，接下来的口译实践中你采取何种笔记策略？	启发⇨讨论⇨完善与总结 背景知识对译员的分析预测非常有帮助
（三）口译实践与讨论	45分钟
全班看视频，对访谈的前三个问题以及两位嘉宾的发言进行口译实践，开展教师评价与反馈、生生评价。这三个问题是： 　　(1) 您认为党的二十大报告中对经济方面最重要的阐述是什么？ 　　(2) 为什么要选这些作为指导原则？ 　　(3) "中国式现代化"有别于他国现代化的特征是什么？ 　　围绕这三个议题，嘉宾给出自己的理解和阐释。教师从口译教学目标围绕口译实践针对以下五个问题引导学生思考。 　　1. 主持人用到很多形象生动的小词，如何翻译才更地道？如 I am joined today 翻译为"今天我们很荣幸地请到"；your take 翻译为"您的观点或看法"；	学生口译⇨教师点评加学生互评 提高语言敏感度

续 表

教学内容与方法设计	说　明
the main takeaways 翻译为"最重要的信息"； a lot to unpack "有很多信息需要解锁"； was opened with a big bang and concluded with a big bang 翻译为"(会议的)开幕受到了广泛关注,产生了重大影响"。 2. 长句如何处理？ During the National Congress, it was announced that from now on the central task of the Communist Party of China will be to lead the Chinese people of all ethnic groups in a concerted effort to realize the second Centenary goal// of building China into a great modern socialist country in all respects// and to advance the rejuvenation of the Chinese nation on all fronts through a Chinese path to modernization. 用断句的方法,将原文长句处理成三个中文短句。 3. 语速快、信息密度高、段落较长,笔记如何处理？ Well, I think uh comparing China today with 44 or 43 years ago, China has already achieved tremendous amount of economic transformation. We started more than four decades ago at very low economic development level, and China's industrial production was very minimum. For example, but now China is already the second largest economy in the world and already the largest economy if we use purchasing power parity and further, I think China is the largest manufacturing country and China's industrial output is larger than the combined the U.S, Germany, and Japanese industrial output combined. So, in that sense, we should have plenty of reasons to be proud of our great achievements, however, going forward, what should be the focus? (1) 记录时,只记关键信息和逻辑信息。 (2) 逻辑符号放在最左边,// 表示"对比"；. ys 表示"多年前"；e. g. 表示"举例"；++表示"更进一步"；II 表示"但是"。 (3) 重复概念只需画线到下一行,如经济 eco 重复出现；low 和 minimum 是同义词,也可以直接画线。 (4) purchasing power parity(人均购买力)可以缩写为 ppp。 笔记展示和讲解： 　　// 44－43 . ys 　　　中 eco ↗ 　　. 40ys ＞ low 　　　　　i 　　e. g. 　中 2nd eco 　　　　　1st @ ppp	长句,加入中英文对比分析 记笔记是关键。口译笔记如何做到简、快、好？教师示范并讲解

续　表

教学内容与方法设计	说　明
++　　中 i ＞ ⎧US 　　　　　　⎨G 　　　　　　⎩J So　　☺ Ⅱ　＞？ 4. 采访类口译，"口语体的冗余"特点如何处理？ 　　由于是即兴发言，嘉宾的谈话可能出现"嗯、啊"停顿或信息冗余，在口译时，不用翻译出来。 　　5. 如何理解和实现语篇连贯？ 　　I know Victor has mentioned some of the details, but I think that what I take away as most important is the way that a number of different initiatives are being integrated and the party congress made it very clear; how these different initiatives are going to work together as the nation goes forward. 　　I think for the first time, at least from my perspective, I see how um the integration of these various programs is taking place and how the party and the government the nation's leaders intend to bring them together for the benefit not only of people in China, but of people around the world. 　　教师进行讲评口译难点时，提问： 　　Prof Powers 回答问题时提到的中国的 different initiatives（不同倡议）指的是什么？integration（整合）指的是什么？ 　　教师从两方面讲解：第一，从语篇的连贯来讲，前文主持人和 Prof Victor Gao 说到了"中国式现代化"以及五大特征，Prof Powers 进行回应。必然有前后呼应的关系，不能将两部分回答割裂来看。第二，Prof Powers 说话的前后逻辑是：党的二十大报告中凝练的"中国式现代化"概念框架，为全人类发展提供了中国智慧和方案，因此，Prof Powers 才说"这将为中国和全世界发展提供了思想动力"。	很少有学生会将"不同倡议"与"中国式现代化"的五大特征相关联，也没有意识到"中国式现代化"作为一个整合的框架性概念其真正意义是成为全人类共享的知识。因此，该理论体系是在构建中国话语体系，帮助我们讲好中国故事。国外学者点评该概念的提出是二十大的亮点，可以看出其重要影响力 思政融合： 　　Prof Powers 认为党的二十大报告中的一个亮点是中国领导人首次将不同倡议整合到一个概念框架下，即"中国式现代化"，这将为中国和全世界发展提供了思想动力（原文最后一句，黑体字）
（四）口译实践与自我评估	15 分钟
访谈第四个问题："中国式现代化"为国际社会发出什么样的信号？ 　　全班看视频，进行口译实践并录音。学生听自己的口译录音，教师提供参考译文和口译评估表。 　　此处英文段落大意：对发展中国家而言，中国实现 14 亿人口的现代化是了不起的成就，为他们发出了积极的信号，提振了发展中国家的信心。	自我评估是掌握口译技能的内化过程

续 表

教学内容与方法设计	说　明
（五）总结	10分钟
总结访谈专题口译的语言难点、出错规律、译前准备技巧、主题知识等，布置个人与小组作业。	

社区工作 A

彭善民

彭善民,上海大学社会学院教授、博士生导师。兼任中国社会工作教育协会社会工作理论专委会常务理事、上海市青少年社会工作专委会副主任委员。主讲的"社区工作""社会工作行政"课程,列为上海市教委重点建设课程。主持教育部重点研究基地重大项目1项、国家社科基金一般项目2项,主持或参与多项省部级课题。主要研究领域:社区工作、社会组织与基层社会治理。

课程名称:社区工作 A
课程性质:专业基础课
课程学分:4
课程章节:第5讲第2节 社会策划技巧

社区工作是社会工作的重要抓手。"社区工作"课程属于社会工作专业必修课。课程内容分为理论与实务两部分，理论层面主要阐述社区的含义、功能、社区工作原理及模式，实务层面主要介绍社会策划、社会行动、地区发展、社区组织等社区工作方法。课程安排在春季学期，2022年春着手探索党史学习教育与课程融合，旨在通过党史学习教育，引导学生积极探索中国特色的社区社会工作理论和实务框架，从基层党建历史中汲取精神力量和智慧养分，激励学生知史爱党、知史爱国，坚定"四个自信"，推动课程教育教学的高质量发展。课程的总体设计主要包括：主体章节融入党史案例；组织学生参观上海凝聚力工程博物馆、社区党建基地；组织和带领学生开展"上海社嫂"等优秀居民区书记主任的口述史收集；与上海市两新组织党建服务中心、多个基层社区党建办开展课题调研等。

一、党史融入"社区工作"课程的案例教学探索

党史学习教育融入"社区工作"课程教学在教学方式上主要采取案例教学法。社区工作方法和技巧是"社区工作"课程的核心所在，其中社区发展、社会策划和社会行动列为社区工作经典的三大方法，也是教材的核心章节。在讲社会策划方法章节时，课程教学在讲解社会策划的含义和方法之后，教师专门设计了"五卅烈士墓遗址与红色社区建设"的案例策划。

（一）案例缘起

课前，教师布置了课程班的一组学生进行"五卅烈士墓遗址与红色社区建设"的方案策划。之所以选择此案例，主要是考虑到五卅烈士墓遗址所在的广中路街道在20世纪20年代与上海大学有着密切的交集，红色上大的校舍曾搬迁至今天的广中路街道所辖区域。上海大学是五卅运动的急先锋，五卅烈士中有多名上大青年学子。这个教学设计的出发点，旨在从能更容易找到情感连接的地方着手，引发学生对党史学习教育的兴趣，教导学生在社区工作中如何运用文史工作的方法去发掘在地性资源，尤其是本土的红色资源，善于将红色资源进行知识转化和精神升华。当然，如何运用社区工作中的社会策划方法进行方案设计也是课程教学中最为基础的专业目标之一。

（二）实施流程

第一步，课前根据学生分组情况，基于学生的兴趣和意愿，将"红色社区"策划方案落实到人。第二步，引导策划小组开展前期调查，一是做好文献资料的搜集，如五卅运动、红色上大等文献资料的整理和阅读；二是广中路街道五卅烈士墓遗址的实地走访；三是完成对遗址所在社区的党建负责人、居委会书记、社区工作者的访谈以及五卅运动研究专家的访谈。第三步，学生策划方案的课堂分享，分四个层面：一是"红色社区"策划方案的讲解；二是"红色社区"策划方案制定过程的分享及反思；三是"红色社区"策划方案对自己的价值、知识、能力方面的影响，或是收获与启示；四是其他同学对策划方案的评价及从"红色社区"策划方案中所得的启示和收获。第四步，教师对策划方案的专业点评及价值引申：从专业方法的角度，要善用历史资源、红色资源；从价值教育的角度，红色上大的优秀学子身上传递的信仰力量、无畏精神等如何赓续。此外，亦将学生的策划方案向实务部门推介，推动成果转化。

（三）实施成效

"五卅烈士墓遗址与红色社区建设"的议题策划颇受学生欢迎，引发了不少学生的参与热情，取得了较好成效：其一，体验式的课程设计和案例教学，推动学生深入地学习和应用了社区工作中的社会策划方法；其二，学生和教师在案例探索中对五卅运动和红色上大等党史知识有了深度了解，受到精神上的感染；其三，学生实地基层党务工作者及居委会书记的走访，对当前基层社区治理创新有深切思考。其四，学生参与的红色社区策划方案受到广中路街道办事处、上海市两新社会组织服务中心的重视及高度评价，参与设计和制作的走读课程成为街道四史学习教育的亮点、企业白领青年四史学习的载体。

二、党史融入专业课程教学的几点启示

党史融入课程教学改革要解决的重点问题是有机融入的问题，即如何将党史学习教育自然融入专业课程，并浸润式演绎和升华。反思本案例教学的实践探索，可以得出以下几点启示：

（一）时机

有机强调时机,恰当的时机是有机融入的重要前提。党史学习教育有机融入专业课程教学的时机大有讲究。在讲述五卅烈士墓的前世今生与红色社区建设案例时,本课程教学有意识地安排在清明节前夕,组织学生实地探访广中路五卅烈士墓遗址及遗址旁设有五卅运动简史的市民驿站。在全民扫墓和深切缅怀的时节,讲述五卅烈士墓的前世今生,容易触发学生的情感,引发学生更为主动且深入的思考。与此同时,清明前夕烈士墓遗址所在的街道和居委会方面会策划和安排相应的纪念性活动,组织学生为案例策划进行实地走访也容易获得相关方的支持。

（二）可及

越是与自身关联度高、可及性强的案例,越能激发学习的热忱和分享的信心。"五卅烈士墓前世今生与红色社区建设"案例,是学生自己亲身参与四史学习教育的案例。在课堂上,教师将其进一步引入到红色社区策划,具有扎实的基础,有情感投入,分享也更生动。学生参与案例的研讨亦具有较强的可及性,五卅烈士墓案例,与红色上大关联紧密,五卅烈士中的上大学子,与选课学生的年纪相仿,易引发学生的共情。同时,学生在走访策划该案例时,也具有可及性。五卅烈士墓遗址碑立在车水马龙的广中路旁边,随时都可以去触摸、感知和体悟。学生参与的案例制作、案例分享,具有一定的可转化性,参与的案例受到街道和居委会及社会组织的认可,在社区得到分享,受到好评,进一步激发了学生的动力和热情。

（三）共生

党史融入专业课程,不仅巧妙深入地传递了党史知识,创新了党史学习教育的形式,提升了党史学习教育的质量,而且,对专业课程教学和研究也是一种提升。本课程在讲述和研发"五卅烈士墓前世今生与红色社区建设"案例的过程中,加深了对同年召开的中共四大的认识。中共四大首次提出群众路线,开启了群众工作的新局面,五卅运动高举中共四大的旗帜,构筑了党的群众路线起点。党的群众路线和群众工作方法,一直是社区社会工作关注、比较和借鉴的焦点之一,从五卅烈士墓到中共四大群众工作路线的知识迁移,加深了师生对群众路线和群众工作的认识,进一步深化了对社区工作本土化与中国特色社会主义社区工作理论的探索。党史学习教育与专业课程教学相得益彰,是共生关系,能够有机融入,使两者更易迸发出生命力和创造性。

中级汉语听说 A(1)

顾 琛

顾琛,上海大学国际教育学院讲师。主讲"中级汉语听说""旅游汉语""中国概况""综合汉语"等本科生及研究生课程。曾获第三届上海市高校青年教师教学比赛三等奖、上海大学第二届课程思政微课大赛一等奖,微课作品"The Ancient Chinese Wisdom behind Tai Chi"曾获上海高校网络教育优秀作品推选展示活动优秀微作品征集活动二等奖,获第四届中华经典诵写读"诗教中国"诗词讲解大赛上海赛区(大学教师组)二等奖。参编《实用汉语综合教程》《汉语口语教程(基础篇)》等教材,发表论文和专业文章近10篇。主要研究领域:中高级汉语听说教学、中国文化传播。

课程名称:中级汉语听说 A(1)

课程性质:公共基础课

课程学分:3

课程章节:第一课"让我们认识一下"扩展学习:点击中国当代名人

本教学设计在突出课程实用性和趣味性的同时,将党的二十大精神自然巧妙地融入语言教学中。精心选择了四位具有代表性的中国名人,编写并筛选了适合中级语言水平学习者的学习材料,通过层层递进的课堂活动,帮助国际学生深入理解中国历史文化传统和当代中国发展风貌,尤其是新时代十年来的历史性伟大变革,多侧面多角度地展示中国人民是如何在中国共产党的领导下在各个领域取得骄人成就的(政治、农业、科技、教育、运动、企业等)。在此过程中,中国的制度优势是如何彰显的,中国是如何参与全球治理、为世界发展提供中国力量的。通过中国当代名人群像,勾勒出当代中国人的精神风貌,从国家层面和个人层面呈现了"中国梦",同时引导国际学生树立远大的人生目标,并把个人的发展与中国的未来结合起来,努力实现自己的"中国梦",通过各国学生的观点分享与碰撞培养文明互鉴、平等尊重的多元文化观。

一、教学目标

(一) 知识目标

让国际学生能听懂并会说人物生平事迹介绍的常用生词,如"毕业、现任、称、贡献、创办、入选、殊荣"等;能听懂并会使用"生于××、××年逝世、为……作出了贡献、被……授予……"等介绍生平的常用句型;能简单说说袁隆平、张桂梅、任正非、姚明等中国各领域名人的头衔及主要成就。

(二) 能力目标

在真实语境中提高汉语听说能力和跨文化交际能力;能具备对当代中国的更深的理解能力及联系自身实际的整合能力;能进行知识迁移,举一反三,用所学的"介绍"生词和结构介绍他人;通过小组活动提高团队合作能力;在案例教学中提高贯穿古今的历史文化思维能力。

(三) 情感目标

寻找当代中国人的价值观与国际学生自己价值观相合的部分,达到民心相通的效果;能说出重要人物对社会发展的贡献,积极确立自己的"中国梦";提炼并学习名人身上的优秀品质,从而强化对中国的正面认识和情感。与其他国际学生分享对自己心目中的偶像,从国际化视野出发,形成文明互鉴、开放平等的多元文化观。

二、教 学 过 程

在课前请学生预习生词,生成个性化生词表提交给教师,预习本课课件并观看四位名人的简短介绍视频,提前准备好在课堂中分享一位自己心目中的偶像。

(一)第一课时

1. 导入环节(10分钟)

(1)小游戏:猜猜他/她是谁?

PPT上方有袁隆平、张桂梅、任正非和姚明的照片,请学生说出他们的名字。下方有四段原声,请学生听音辨人,复述听到的话并进行配对。配对成功后,问学生这几位名人分别是什么身份,给出科学家、教育家、企业家和运动员的汉字一一对应,让学生对今天要介绍的名人有个初步了解。

(2)趣味问答:如果你有机会和这几位名人中的一位见面交谈,你最想认识谁?为什么?

2. 生词学习(20分钟)

(1)根据学生预习中生成的个性化生词表进行教学。主体生词领读、跟读和纠音,个性化部分进行巡场针对性指导。

老师预测生词为:逝世、杂交、水稻、饥饿、贡献、授予、勋章、企业家、殊荣。

(2)讲解操练重点生词。

第一组:介绍生平常用词汇和固定结构。

出生于……　　逝世于……　　毕业于……

被誉为……　　被授予……　　勋章

为……作出贡献

问学生:袁隆平出生于哪一年?逝世于哪一年?

这四位名人中谁最年轻?谁的年纪最大?为什么?(引导学生用"出生于"回答)

姚明毕业于哪所大学？你毕业于哪所高中？
袁隆平被誉为什么？姚明呢？
袁隆平被授予什么勋章？
张桂梅被授予什么勋章？
姚明为什么的发展作出了贡献？
任正非为什么的发展作出了贡献？

第二组：介绍身份与头衔。请学生补充表格，练习说出名人的身份、职务或称号。

袁隆平—科学家—"杂交水稻之父"
张桂梅—教育家—山区女子高中校长
任正非—企业家—华为主要创始人
姚明—篮球运动员—"上海的高度"

3. 课文学习（8分钟）

朗读课文并根据关键词做成段表达练习。

袁隆平(1930—2021)
……家　被誉为……　提高　　为……作出贡献

张桂梅(1957—)
……家　免费　帮助　被授予……　勋章

任正非(1944—)
……家　……的创始人

姚明(1980—)
……运动员　上海交通大学　被誉为……

4. 课堂游戏：标签大作战（10分钟）

学生分成两组，通过讨论给名人分别贴上"品质"标签，即用一个词来形容他/她的品质，在班级中分享并说明理由。

（二）第二课时

聚集案例学习——袁隆平。

1. 导入环节(10分钟)

展示民众写给袁隆平的悼念卡片照片,读一读卡片上的话,再播放一段民众怀念袁隆平的视频,展示后提问:卡片上写着"袁爷爷",同学们可以看出中国人对袁隆平有什么样的感情?

继续提问:除了"杂交水稻之父",袁隆平还有哪些称号？回答:"当代神农""粮食英雄""90后"……教师简单介绍"神农"是谁,帮助学生理解为什么袁隆平被称为"当代神农",以显示中国文化与民族精神的传承。

2. 听说训练(20分钟)

播放央视新闻《共和国不会忘记之袁隆平》(教学剪辑版,分两段):

(1)视频1(正式新闻语体):

听力练习——请学生根据视频填空(第一遍带着问题看视频,第二遍听录音填空)。

朗读练习——呈现视频中的重要文本并做朗读练习,强调语音语调、停顿和情感表达。

(2)视频2(演讲类半正式语体)

成段表达练习——根据提示,用自己的话说说袁隆平的两个梦。提问学生如何看待袁隆平追求理想永不止步的精神。

禾下乘凉梦:……超级杂交稻技术,提高了……,使中国用……的耕地养活了世界……

杂交水稻覆盖全球梦:他还曾带领团队到……,帮助发展中国家解决……,为全世界战胜饥饿……

延伸学习——从"对袁隆平最好的怀念就是珍惜每一粒粮食"引到中国珍惜粮食的传统美德,再引到唐诗《悯农》,营造历史纵深感。

3. 小组分享(12分钟)

年轻人应该追什么样的星？3—4人一组,每位学生分享关于追星的看法,介绍自己心目中的偶像,并说明他/她值得自己学习的品质。老师巡组,并把分享情况写在屏幕上。

4. 布置作业(3分钟)

(1)根据今天学到的与介绍相关的生词和句型,选择列表中的一位中国当代名人制作介绍PPT并准备下节课进行1—2分钟的口头分享。

请你也来介绍一位中国当代名人

科技	屠呦呦	钱学森	陈景润
文体	谷爱凌	刘翔	余华
教卫	钱伟长	钟南山	张文宏
经济	马化腾	雷军	董明珠

(2) 观看关于袁隆平、张桂梅、任正非、姚明的扩展性介绍视频。

三、教 学 反 思

本节课的教学对国际学生来说是一个挑战。虽然他们已经在中国学习生活了至少两年,但对于当代中国的名人依然不够熟悉,对于当代中国的社会发展状况也所知甚少。要在两节课的时间里消化大量信息并进行深入的思考与讨论是个很大的挑战。但课后学生表示这样的听说课和一般的听说课不一样,信息量非常大,而且需要动脑筋,很有收获。他们通过这样的课,对当代中国的情况更加了解了,而且被这些名人的无私奉献所感动。有学生课后跟教师聊天,说通过这节课,他更能理解中国为什么能发展得那么快那么好了——中国有优秀的制度,有党的领导,也有好的人民,更重要的是中国的政府爱他们的人民,而人民信任他们的政府。一堂课可以让学生有这样的思考和收获,更让教师觉得面向国际学生的知华友华教育极富价值,是很有意思也很有意义的工作。

四位名人中学生最感兴趣的是张桂梅,因为有好几位学生毕业以后都想当老师,所以他们对中国的优秀教育工作者感觉很亲切,很想深入了解她,向她学习一些成功经验。这也让教师意识到什么叫"有机融入"——就是要丝滑自然,让学生追着你要;选取的材料要接地气,要能结合学生的个人经历和兴趣点,这才能更好地激发他们的学习热情。

商务汉语 2

曾 艳

曾艳,上海大学国际教育学院讲师。主讲"商务汉语""学术汉语"(经管类)等课程。主持 2021 年度上海大学"党史学习教育与课程相融合"首批示范课程建设项目"学术汉语"(经管类),2022 年 6 月获上海大学党史学习教育与课程相融合微课展评二等奖。参与上海大学 2020 年认定研究型挑战性课程"汉字文化"。参与上海大学校级本科教材《汉字文化》建设。参编《汉字文化生命智慧》《实用汉语综合教程》《中国文学读本》等教材。主要研究领域:汉语国际教育。

课程名称:商务汉语 2

课程性质:学科基础课

课程学分:2

课程章节:第三单元"国际贸易" 第五课"普通人的入世盛宴"

一、课程介绍

"商务汉语2"是一门面向汉语言专业经贸方向国际学生的学科基础课,课程共计20个课时,学生主要为国际教育学院汉语言专业高年级本科留学生和一部分经济学院本科留学生。本课程属于专门领域的汉语课程,以传授汉语语言知识和商贸知识为基本任务,旨在提高国际学生在商务活动中运用汉语进行交际的能力。同时,课程中蕴含相当部分的中国社会经济发展历程和现状内容,这些都是可以有机融入的思政元素。

二、案例介绍

"商务汉语"第三单元的商务话题属于国际贸易领域,课文选取的商务情景是世界贸易组织与中国。主课文"普通人的入世盛宴"通过不同身份普通人的视角,展示加入世界贸易组织后,中国人日常生活发生的变化。副课文"汽车扩大了生活半径"则着眼于加入世界贸易组织后,汽车行业的发展给中国人带来的新生活新体验。2001年加入世界贸易组织是中国融入世界经济的序章,是中国改革开放进程中的重大历史事件,大大加快了中国对外开放的步伐。课文中提到了汽车行业,加入世界贸易组织对中国汽车行业而言可以说是影响最大的事情。

外国学生基本上都知道中国经济持续快速的发展得益于改革开放,但是他们并不非常清楚改革开放历程中一些关键的、具有推动性作用的事件。两篇课文都着眼于加入世界贸易组织后普通人生活的改变,虽然直观具体,但没有加入世界贸易组织对中国改革开放重要意义的背景知识作为铺垫,内容显得浅显单薄,对国际学生来说有些摸不着头脑。如何还原波澜壮阔的中国经济全貌,让国际学生更好地了解中国?如何消除国际学生对中国加入世界贸易组织这一事件的片面、模糊不清的认识?

基于以上考虑,教师对教学内容进行了设计调整,总的原则是点面结合,以点带面,使讲解的内容具有一定的深度和广度,能引发学生的思考。在部分保留原有课文的基础上,引入课文中涉及的汽车行业,以"比亚迪"这个新能源汽车领域的全球领军企业作为"点",来展示加入世界贸易组织后中国汽车行业发展历程的"面"。

比亚迪新能源汽车的成功,有其自身的优势所在,但更离不开政府对国家发展的全局规划和对经济结构的战略调整。截至2022年,我国汽车产销总量已连续14年位居世界第一。汽车普及的同时,带来的是能源的短缺与对环境的破坏。随着经济的发展,我国对原油的需求与日俱增,原油的对外依存度较高。为了从根本上解决问题,降低能源安全风险,中国政府对社会经济发展进行了高瞻远瞩的战略部署和强有力的政策支持。发展电能等绿色能源成为保障我国能源安全的重要战略措施,新能源汽车产业上升到国家战略的层面。2014年5月,习近平总书记强调:"发展新能源汽车是我国从汽车大国迈向汽车强国的必由之路,要加大研发力度,认真研究市场,用好用活政策,开发适应各种需求的产品,使之成为一个强劲的增长点。"党的二十大精神中强调"科技是第一生产力、创新是第一动力,深入实施创新驱动发展战略""加快发展方式绿色转型。发展绿色低碳产业,加快节能降碳先进技术研发和推广应用,倡导绿色消费,推动形成绿色低碳的生产方式和生活方式"。以比亚迪为代表的中国新能源汽车企业的迅猛发展,正是得益于国家政策的指引和扶持。

三、具 体 实 施

(一)课前观看视频

教师布置学生观看中央电视台致敬改革开放四十年系列视频《我们一起走过》的第3集《打开国门搞建设》中关于中国汽车行业发展的视频(第18分钟到第21分钟)。视频简要回顾了从20世纪80年代至今中国汽车行业的发展。2001年加入世界贸易组织之前,中国一年只有三款新车面世,到现在中国每年生产出上百款新车,全球每三辆汽车中,就有一辆产自中国。通过观看这个视频,让学生对中国汽车行业的发展有一个初步直观的印象,为后面的内容讲解作铺垫。

(二)讲述加入世界贸易组织对中国汽车行业的影响

2001年中国加入世贸组织是对中国汽车行业影响最大的一件事情。当时,中国车企力量相对薄弱,面临的压力较大,中国90%以上的汽车市场被进口汽车或者合资品牌所占据。很多人担心向外资开放市场会影响中国自主品牌车企的发展。但后来的事实证明,外界担心的情况并没有出现,相反,面对国际汽车巨头的"围追堵截",中国自主品牌车企从被动转向主动自主创新,自主品牌在逆境中茁壮成长,中国汽车工业整体奋发崛起。目前已成长为中国汽车产业主力军的民族品牌,如长城汽车、吉利集团和比亚迪都是在加入世界贸易组织后才进入汽车制造领域的。

(三)讲述民族品牌"比亚迪"的发展

1994年,王传福创立了比亚迪公司,主要生产充电电池。短短几年,比亚迪发展成为全球第二的充电电池制造商。2003年,比亚迪成为全球最大的手机电池生产商。王传福敏锐地预测到了新能源汽车的大趋势,于2003年正式进军汽车行业,展现了中国企业精心研判、超前部署、敢闯敢拼的实干精神。比亚迪通过收购汽车厂,成为国内继吉利之后的第二家民营轿车生产企业。当时对比亚迪的跨界转行,外界一片质疑,投资者纷纷威胁要抛光比亚迪的股票。王传福顶住压力,大刀阔斧地进行人事改革,并决心走技术自主研发路线。"只生产新能源汽车"是王传福2003年跨界造车时的心愿和初衷。但当时新能源汽车市场尚未发展起来,"零基础"造车的比亚迪,为求生存,只能选择同时生产燃油车、插电式混合动力汽车和纯电动汽车。

为了掌握最新技术,缩短研发时间,比亚迪采用"逆向研发"的方法,购买多款汽车进行拆解研究。比亚迪对产品质量精益求精,它的安全耐久测试标准极为严苛。比亚迪在研发上的投入非常大,2021年的研发投入高达106.27亿元,在全球已累计申请专利3.7万项、授权专利2.5万项,每年的研发投入都在增长。

在王传福的领导下,比亚迪建立了自己的风格:崇尚技术、以问题为导向、通过创新解决问题以及坚持。王传福曾说过:"中国有72%的石油依靠进口,而且70%的进口石油要通过南海运输。中国石油里,一年有70%用于交通,汽车消耗了中国石油的70%。从这三个70%可以看到,中国发展电动车比任何一个国家都有紧迫性,我们有责任通过技术来解决这个问题。"王传福进一步提道:"企业要有很强的技术,才能看得远、看得深。我们有1.5万名工程师,夜以继日地研究中国或者世界所需要的技术,研究各种技术方向,比如新能源技术、太阳能技术。"2009胡润中国百富榜上,王传福以350亿元身价成为中国内地首富。他这样说:"作为一个企业家,钱已经不是大问题了,更多地想的是通过产业来报国。"这些话语展现的是一个有强烈使命感、勇于开拓创新的企业家的形象。

近年来,国家发展新能源汽车的政策导向和配套设施逐步完善,比亚迪凭借以生产电池起家的优势,率先向新能源汽车转型,并在2022年4月宣布停售燃油车,成为全球首个正式宣布停产燃油汽车的车企,开始完全投身于新能源汽车的布局中。2021年5月,比亚迪实现第100万辆新能源汽车下线。如今,比亚迪的新能源车足迹遍布全球。2021年,比亚迪以近60万辆的销量位居全球新能源汽车销量排行第二。2022年,比亚迪新能源汽车全年销量为186.35万辆,同比大增208.64%,成为全球新能源汽车销量冠军,并入选《时代周刊》"2022最有影响力的100家企业"(榜单上唯一的中国车企)。

四、教 学 反 思

向国际学生介绍中国经济社会的发展,不能只是泛泛而谈,一定要通过一个具体的产业、借助一个具体的点作为载体,这样学生才能有清晰直观的认识。班上一部分国际学生对比亚迪品牌有一些了解,因为在他们国家有这个品牌的汽车,这样再对他们介绍比亚迪的发展,让他们知其所以然,收获很大。有学生说,中国政府总是能够根据国家的实际情况,作出符合国家发展的正确规划,这一点很厉害。针对这一观点,教师将其引申至"与时俱进",这是中国在不同历史时期不断取得进步的成功经验之一。有学生说,中国的企业很厉害,中国人很勤奋努力。本课程的目标之一就是引导国际学生以客观公正的立场看待中国改革开放的不同发展阶段,使他们感受中国政府卓越的治理能力、中国企业深厚的技术报国情怀和强烈的社会责任感以及中国人民脚踏实地、追逐梦想的拼搏精神。本课程要传递给国际学生的是,认识到新时代中国企业家如何不断克服困难、迎难而上的曲折发展道路。

军事理论

孙士庆

孙士庆,上海大学马克思主义学院讲师,主讲"军事理论"课程,参与多项国家社科基金重点项目、省部级课题,发表论文十余篇。主要研究领域:军事理论、党的建设等。

课程名称:军事理论

课程性质:公共基础课

课程学分:2

课程章节:第一章第四节

一、教学设计

（一）课前导入帮助学生了解课程内容，激发学习兴趣

1. 课前准备

上课前在超星学习平台布置预习内容，如让学生搜集人民军队相关资料、视频等，了解人民军队发展奋斗史。教师上课前播放建军90周年大阅兵等相关视频，激发学生学习兴趣。

2. 课程导入

党的十八大以来，在习近平强军思想的指引下，人民军队以强军目标为引领，坚持政治建军、改革强军、科技强军、人才强军、依法治军，在中国特色强军之路上迈出了坚实步伐。党带领人民军队走过一条怎样的强军兴军发展之路？为什么说当前实施改革强军战略是关键一招？强军路上，实现新的跨越取得了哪些历史性成果？带着这些问题，开始课程内容的学习。

（二）课上学习以问题为导向，加强学生党史知识与军事理论内容的深度融合

以问题为导向，通过案例教学、互动式研讨等引导学生从党的领导、人民军队的发展和未来的使命任务等三个角度加深中国共产党的领导使人民军队不断强大、国家日益富强的认识，促进学生党史知识与军事理论内容的深度融合。

二、教学内容

1. 95年强军兴军的光辉历程

教师（提出问题）：中国人民解放军是中国共产党缔造和领导下的人民军队。从1927年南昌起义诞生至今的95年征程中，这支军队从小至大、由弱到强，不断发展壮大，以威武之师、文明之师、和平之师的形象展现在国际舞台上。我们党带领人民军队强军兴军的主要特点有哪些？

学生（讨论）：加强党的领导，用铁的纪律锻造军队，不断列装新式武器装

备,不断提高军队科技文化水平……

教师(总结):人民军队在党的领导下不断壮大,不仅为中华民族的强国梦提供重要力量支撑和坚强安全保证,而且也是维护世界和平与发展的强大力量。

2. 实施改革强军战略是关键一招

教师(提出问题):习近平总书记强调,深化国防和军队改革是实现中国梦、强军梦的时代要求,是强军兴军的必由之路,也是决定军队未来的关键一招。为什么说当前实施改革强军战略是关键一招?

学生(讨论):从国际形势看,是应对当今世界前所未有之大变局、有效维护国家安全的需要;从世界军事发展趋势看,是顺应世界军事变革潮流、争取实现弯道超车的需要;从党和国家工作全局看,是坚持和发展中国特色社会主义、协调推进"四个全面"战略布局的需要;从国防和军队自身看,是贯彻落实强军目标和军事战略方针、履行好军队使命任务的需要……

教师(总结):当前的世情、国情、军情启迪我们,深化国防和军队改革,是实现中国梦、强军梦的时代要求,是强军兴军的必由之路,也是决定军队未来的关键一招。

3. 蹄疾步稳,强军路上实现新跨越

教师(提出问题):强军是强国的一个重要战略支撑,也是我们党的一项重要战略任务。强军路上,实现新的跨越取得了哪些历史性成果?

学生(讨论):领导指挥体制更加高效;权力运行体系更加严密;力量规模结构更加优化;新质作战能力更加发展;军事人力资源更具活力;军民融合发展更加深入……

教师(总结):党的十八大以来,党中央审时度势,领导我军开启强军兴军新征程。党的二十大报告全面绘就了新时代强军事业蓝图,进一步丰富了习近平强军思想,深化了对强军胜战的规律性认识,是新时代坚定不移走中国特色强军之路的根本遵循。

三、课 程 总 结

人民军队是中国特色社会主义的坚强柱石,党对人民军队的绝对领导是人民军队的建军之本、强军之魂。我们必须坚决贯彻习近平强军思想,贯彻新时代军事战略方针,全面加强练兵备战,为实现强国梦、强军梦而不懈奋斗。

四、教学思考

党的二十大报告涵盖治党治国治军、内政外交国防、改革发展稳定等多方面内容,提出了一系列新思想新观点新论断。将党的二十大会议精神融入军事理论课教学,可以从以下几个方面入手。

(一)选好内容融入

首先,党的二十大精神融入课程要根据课程性质选好内容,要与课程自身的内容衔接好,才能润物细无声。"军事理论"是一门面向全校本科生开设的公共基础必修课程。由于课程本身即包含强烈的爱国主义元素,在教学融入时可以聚焦党的二十大报告中关于国防军队建设的最新表述,结合党领导人民军队的奋斗发展史,从党史军史中汲取奋斗强军力量。着力向学生阐释军队国防为中国实现第二个百年奋斗目标保驾护航的作用,加深学生对国防建设伟大成就和习近平强军思想的理解。

其次,要结合党史军史扩大融入面。既要融入党的百年历史,又要融入建军九十多年的发展史;既要融入新时代伟大成就,又要回应我军当前发展面临的紧迫问题;既要融入习近平新时代中国特色社会主义思想的世界观和方法论,又要深刻领悟习近平强军思想,引导大学生积极投身全面建设社会主义现代化国家的伟大实践。如结合当前国内外局势,去年下半年征兵首次将研究生毕业生及在校生征集年龄放宽至26周岁,征集对象仍以大学生为重点,突出各级各类学校毕业生征集,优先批准理工类大学生和备战打仗所需技能人才入伍。向学生传达国家最新征兵政策,鼓励大学生积极参军入伍,报效祖国。

(二)讲好故事融入

习近平总书记在指导思政课教学时曾指出:"会讲故事、讲好故事十分重要。"授课过程中,教师要深入挖掘党史军史背后的时代价值,通过讲好故事、细节还原、触景生情、情感熏陶等方式引起青年学生的共情共鸣。

"榜样是鲜活的价值观,是有形的正能量。"通过深入挖掘我们党在领导人民军队的奋斗发展中涌现出的英模人物,深入挖掘他们身上的思想品格和精神特质,用他们鲜活的故事诠释新时代军人坚定不移的信仰,展现坚忍不拔的意志,传承坚持不懈的精神,激励青年大学生树立正确的人生观、价值观,继续弘扬光荣传统、赓续红色血脉,把伟大建党精神继承下去、发扬光大。

自建军之日起,人民军队在党的旗帜下牢铸军魂,在民族解放的伟大征程中、在新时代强军路上勇往直前,在波澜壮阔的革命年代和轰轰烈烈的和平建设新时代涌现出一批又一批不怕牺牲、不畏艰难、不惧挑战、勇于奋斗的英模人物,永远值得我们怀念和铭记。近年在抗洪抢险、抗疫救灾、卫国戍边中涌现出的一批英模人物,如李向群、陈薇、祁发宝等人的先进事迹,都是鲜活的思政教学案例。有效融入这些内容可以更好地激发大学生爱党爱国爱社会主义的热情,传承红色基因,履行时代使命。

(三) 定好方式融入

思政课的本质是讲道理,上好课程思政的关键在于教师能否对学生进行合理引导。要准确把握当代大学生思想特点,注重方式方法,把道理讲深、讲透、讲活,通过共情实现学生的价值认同,并创造条件发挥学生的主观能动性。

一是结合课程目标设置和学生自身实际,聚焦党的二十大精神,结合每章内容进行专题式教学。"军事理论"采取线下和线上相融合的上课方式,这就需要教师在超星平台上提供相关的党史军史资料,以问题为导向,加强与学生的互动交流,才能收到较好的融入效果。

二是运用"学习通""微课堂"等现代教学手段,以学生为主体,通过教师引导、话题互动、视频展播等形式,提高教师授课的生动性、实效性和亲和力。同时通过分组宣讲、时政点评等方式调动学生学习课程内容的积极性。

总之,贯彻落实党的二十大精神,是当前高校课程思政的重要内容之一。要持续深入地将党的二十大报告中的新思想新观点新论断入脑入心入行,铸魂育人,厚植高校大学生爱国主义情怀,努力培养有理想、敢担当、能吃苦、肯奋斗的新时代好青年。

语言与社会

于梅欣

于梅欣,上海大学外国语学院讲师、硕士生导师。兼任中国英汉比较研究会功能语言学专业委员会理事、法律语言学专业委员会理事。主讲"基础英语""基础写作""语言与社会""语义学"等课程,主持上海市哲学社会科学课题1项,在CSSCI等期刊发表论文多篇。主要研究领域:系统功能语言学、法律语言学。

课程名称:语言与社会

课程性质:专业选修课

课程学分:2

课程章节:第六章　话语的互文性

本章围绕"话语的互文性"中心议题,以历次党代会报告中关于民生问题的论述为主要研究对象,从语言的互文性理论,分析党史进程中中国人民脱贫致富的话语演变进程,从党的一大召开时中国所处的"积贫积弱"到党的二十大为我们描绘的"共同富裕"蓝图的语言表征,既能反映社会的发展,同时又能引领社会发展,是将党史学习教育融入"语言与社会"课程中具有代表性的一课。

一、课 程 目 标

课程目标	子 目 标	本章节内容
价值引导	思想和价值引领 家国情怀培育 "四个自信"的树立	从党史文献中寻找社会主义核心价值观的源泉 探寻中国共产党人用实际行动书写党史的历程
能力培养	问题意识能力 方法论思维能力	话语建构的听众或者读者意识 党史中的辩证唯物主义方法
知识传授	语言学知识 跨学科知识	话语分析理论、话语功能、互文性理论 党史理论

二、教学内容体系

本课程针对具备一定的普通语言学知识的英语专业本科三年级学生,以"语言与社会"辩证关系为主题,以批评话语分析为主要理论框架,以社会发展和语言发展的具体案例分析为例,主要探讨如下具有逻辑性的内容体系:语言的基本特征;语言与社会的辩证关系;语言的三大元功能;语言与媒介;语言与政策;语言的对话性;语言的互文性;语言与权力;语言与身份;语言与社会主要矛盾。

三、学 情 分 析

本章教学为第六章:语言的互文性,在已经理解并掌握前面几部分语言的基本属性、与社会的主要关系、基本功能、传播媒介、政策影响和语言的对话性的基础上,结合具体案例,将语言演变纳入话语建构的重要元素,探讨语言的对话性。

四、技术和平台支持

超星平台、Antconc 语料库检索软件。

五、教学模式

LDC：文献阅读（literature study）＋小组研讨（discussion）＋语料库辅助（corpus-aided）。

六、教学活动

（一）主题

话语历时演变的互文性——中国式贫困治理从"积贫积弱"到"共同富裕"的话语实践。

（二）教学内容

1. 理论：互文性

互文性（Intertextuality）这一概念是由后结构主义文论家 Kristeva 在 1989 年提出的。她指出："任何文本都是在已有话语基础之上建构的,任何文本的构成都是对其他文本的吸收和转化。"近年来互文性在语篇分析,尤其是在批评性话语分析中受到越来越多的关注（Fairclough,1992、1995、2003）。批评性话语分析的一个重要方面是关注语篇中所使用的互文资源（先前语篇和话语）以及生产与消费语篇的互文实践；通过对语篇中这些互文资源的结构组合关系的分析,把意识形态（包括身份）置于构成过去事件的结果和现在事件的条件的结构(即话语秩序)之中、置于再造和改变条件结构的事件本身之中,从而考察互文性与意识形态等之间的话语权力关系的体现、揭示社会意识形态成分介入文本的形式特性以及话语权力如何重塑和影响意识形态的输入。

2. 语料来源

中国共产党历次全国代表大会数据库(共 20 个报告),http://cpc.people.com.cn/。

3. 必读语言学理论文献

(1) Fairclough, N. *Discourse and Social Change*. Cambridge: Polity Press, 1992.

(2) Martin, J. & White, P. *The Language of Evaluation: Appraisal in English*. Hampshire (UK) & New York (USA): Palgrave Macmillan, 2005.

(3) Fairclough, N. *Intertextuality in Critical Discourse Analysis*. Lignusitsitcs and Education, 1992(4).

(三) 教学重点和难点

1. 重点

语言的互文性概念、理论渊源、理论框架。

2. 难点

历届党代会报告中关于民生的话语表征的互文性及其演变规律。

七、实 施 过 程

(一) 课前准备

1. 文献阅读(根据必读文献要求)

(1) 语言的历时性研究:diachronic study

(2) Fairclough 互文性的论述:Intertextuality, CDA

(3) Martin 对于介入系统的框架建构:engagement

2. 语料分类(讨论区)

各个历史发展阶段的语料整理、分类标注。

(二) 课中研讨

1. 文献研讨

互文性的概念、功能、框架。

2. 语料特征

Antconc 语料库检索软件(部分检索结果展示),考察党史不同阶段中关于贫困治理的语言表征、语言特征、分析展示。

3. 理论与实践结合

用互文性解释各个历史阶段中关于贫困治理的语言及其与社会的关系。

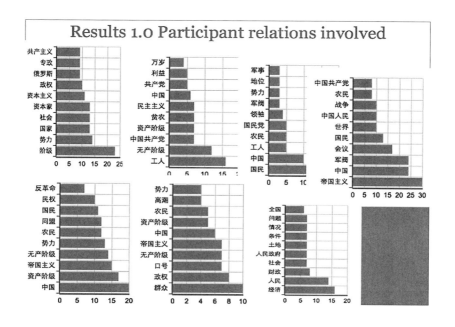

(三) 课后巩固(平时成绩 30%)

分别从互文性视角撰写党史进程中的语言与身份关系、语言与行为关系、语言与社会环境关系。

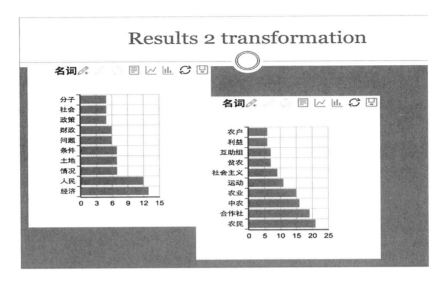

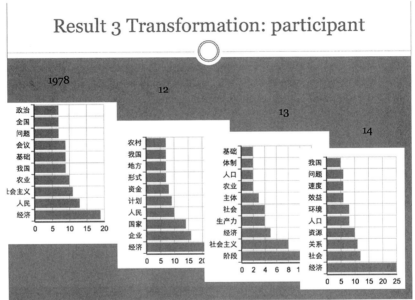

八、学习过程跟踪与数据采集

(1) 通过超星平台设计理论学习问卷,考察学习投入度;
(2) 通过超星平台设计反馈问卷,了解课堂研讨效果。

九、教 学 创 新

（1）以党史的权威理论著作为语料，将党史润物细无声地融入语言学理论课程。
（2）将语言学理论应用于党史著作研究，拓新了语言学理论的应用范畴。
（3）学习语言学理论的同时，也系统学习党史知识。

十、教 学 反 思

（一）"有机融入"的目标

本课程聚焦语言与社会之间的关系，结合学习党的二十大精神，关注社会发展的最新动态和未来导向，是研究语言与社会关系的重要维度。在课堂中有机融入党的二十大精神，有助于学生及时了解语言，观察语言变化与社会变化之间的内在关系。

（二）"有机融入"的方法

以小见大，将党史作为理论研究对象，顺其自然。既然是有机融入，就不是生搬硬套，而是合情合理、没有违和感。本课程研究语言与社会关系，其间涉及语言学理论。教学中，教师不能就理论而理论，而应该有语言证据支撑。党的二十大报告中的话语表达，是非常好的语言证据。但是如何重复利用这些语言证据，也应采取有效策略，选取一类语言特征或者一类主题，结合具体语言学理论进行分析。比如此次教学案例，以互文性为理论框架，结合历时语言学，锁定民生相关的语言表达，从党的一大报告中对"积贫积弱"中国历史的表征，一直检索到党的二十大报告中的"共同富裕"理念，这一过程中，对于国民的身份表征，由"贫民"到"人民"，显示了党带领全国人民从贫困落后到共同富裕的百年历程，同时也引导学生看见中国人民的生活变迁。

（三）"有机融入"的过程

1. 问题导向

即这个章节中，以理论为先导，通过融入党的二十大精神，明确要解决的问题。如本研究中的问题是：针对西方媒体质疑的中国提出的"共同富裕"理念，我们应该怎么看？那就要知道其来龙去脉，从中国共产党的百年党史进程中去寻找答案。在这个进程中，就能看到中国共产党历经百年如何一步一步地发展到能够提出"共同富裕"的理念。

2. 数据驱动

针对历次党代会报告，最好的方式是通过语料库检索高频词的方式，去观察党的发展阶段的关键词的表征方式，对此进行一一对比与关联。

3. 发挥学生的自主能动性

让学生亲身处理语料并进行对比分析，发挥自主能动性。在这个课堂中，学生需要处理的语料就是历次党代会报告中所有的关于贫困问题的语言表达，进行提取并分类标注，最后一起分析检索结果。

（四）"有机融入"的成果

1. 提升理性认识

学生从互文性理论观察党的二十大报告中的"共同富裕"理念后均有了自己的思想，不会再人云亦云。

2. 再次意识到理论与实践的紧密关系

语言学理论不是一个虚无缥缈的理论，而是一个可以用来武装自己的武器，学生可以实实在在用语言学理论关联社会发展问题，可以在社会发展过程中，为自己认知社会提供一个很独特的视角。

（五）"有机融入"的启发

1. 相对耗时

这个研究作为一个课堂教学案例，无论从语料整理还是结果分析上，都需要花费相对较多的时间。

2. 跨学科的要求

运用现有的理论去认识解释另外一个领域的语言现象，对教师和学生都是一个全新的挑战。

工业生态与绿色企业构建方法及案例

朱 萍

朱萍,上海大学环境与化学工程学院教授、博士生导师。主讲"物理性污染控制""工业生态与绿色企业构建方法及案例"和"水处理实验"课程。发表论文和专业文章60余篇。主要研究领域:固体废物资源化。

课程名称:工业生态与绿色企业构建方法及案例
课程性质:高级研讨课
课程学分:2
课程章节:第10章

一、课程基本概况与党的二十大报告中的相关内容

(一) 课程基本情况

"工业生态与绿色企业构建方法及案例"是一门本科生的高级研讨课。课程以"工业生态学"理论为依托,传递给学生的理念是:人类社会经济系统不是独立存在的,它是自然生态系统中的一个子系统。人类不可能任意地改造自然环境和无限地利用地球资源,其生存和活动必然受到地球自然生态系统的发展及其规律的制约。人类要尊重自然、顺应自然、保护自然,才能实现人与自然和谐共生,实现人类的可持续发展。

(二) 党的二十大报告中的相关内容

党的二十大报告的第十部分"推动绿色发展,促进人与自然和谐共生"中有四个主题:第一,加快发展方式绿色转型。第二,深入推进环境污染防治。第三,提升生态系统多样性、稳定性、持续性。第四,积极稳妥推进碳达峰碳中和。

二、课程与党的二十大精神的有机融合

由上面的课程介绍和党的二十大报告中关于环境保护的相关内容可以看出,本课程的主旨与党的二十大精神完全契合。课程通过讲解将人类的社会经济系统与自然生态系统相融合,实现人类的可持续发展,培养学生牢固树立和践行"绿水青山就是金山银山"的环保理念和价值目标。

三、课程与党的二十大精神有机融合的思政建设模式

本课程采用教师讲解主要课程要点,学生根据教师布置的议题进行资料收集、文献查找、提纲制作、PPT的议题讲解等,最后以科技文章的形式提交成果的授课方式。课程的最终目的是使学生认识到"人类只是自然生态系统的一个

成员。人类不可能任意地改造自然环境和无限地利用地球资源,其生存和活动必然受到地球自然生态系统的发展及其规律的制约",充分理解习近平总书记提出的"绿水青山就是金山银山"和"双碳"目标的含义,使学生牢固树立起环保理念。

本课程根据主旨内容主要设置了四个议题。通过"城市发展规划"议题的学习,使学生了解政府是如何制定规划实现"双碳"目标的,掌握一个国家或一个城市如何协调经济增长和环境负荷的关系;通过"产品的生态设计"议题的学习,掌握生态工业的实现要从最根本的产品设计做起,实现产品的全生命周期设计的环保理念,从源头节约资源和减少废物排放;通过"物质流分析"议题的学习,了解实现工业生态的具体定量手段。通过"工业生态园"议题的学习,使学生构建起工业生态实现的途径。四个议题从大到小,从政府政策的制定到实现的途径,使学生具体理解及如何操作才可践行"绿水青山就是金山银山"的环保理念,实现人类的可持续发展。

四、课程思政的实施示例

这里,以课程第一个议题"城市发展规划"为例来阐述课程与党的二十大精神有机融合的思政建设与思考。第一个议题的具体内容要求为:针对所选区域的环境负荷现状,结合当地经济发展速度,对未来管理进行综合规划和预测,探讨经济增长和环境负荷的关系与规划目标的合理性。可针对家乡或自己熟悉的区域,结合目前经济增长或社会服务变化、技术改善的状况,分析环境改善的可能性和目标匹配的合理性。

首先由教师进行基础理论的讲解,重点讲授《工业生态学基础》(陆钟武著,科学出版社)课本上第二篇"经济增长与环境负荷"的第5章"经济增长过程中的资源消耗量和废物排放量"和第6章"穿越'环境高山'"的内容,使学生了解经济增长与环境负荷的关系,掌握如何计算一个国家或地区的GDP增长量和由此带来的资源消耗和废物排放,为开展第一个议题的讨论进行知识储备,并播放网络视频"气候变暖""新科技三分钟'生态工程'"。通过视频使学生深刻理解工业生态的必要性和"绿水青山就是金山银山"的正确发展观。

之后,依据课程内容布置第一个议题"城市发展规划"。指导学生查阅家乡所在省份和城市的国民经济和社会发展规划,比如"十四五"规划。可根据规划中的经济增长指标和能源消耗指标,计算"十四五"期间的经济增长量、能源消耗增长量和污染物排放量,计算 GDP 的年增长率和单位 GDP 环境负荷的年下降率。查找相关资料,寻找政府制定"十四五"规划指标体系的依据及实现目标可能采取的手段,议题可根据社会发展不断与时俱进地变化。目前,"十四五"规划中,政府的污染物排放量的指标是 CO_2 排放量。而之前的"十三五"或"十二五"等规划中,政府的污染物排放量的指标是 SO_2 排放量,从而使教学内容体现前沿性与时代性,突出创新性的课程目标。然后,列出网络资源清单,指导学生通过学术网站、政府网站和课程网站资料的查找和学习来完成议题。在中国知网(http：//www.cnki.net/)查找相关文献阅读 5 篇以上。资料收集参考网址:中央人民政府(http：//www.gov.cn/)或地方人民政府;中国生态环境部(http：//www.mee.gov.cn/);中国统计年鉴(http：//www.stats.gov.cn/tjsj/ndsj/)。参考书:《穿越"环境高山"——工业生态学研究》(陆钟武主编,科学出版社 2008 年版)。参考课程慕课:中国大学慕课 APP——工业生态学(东北大学)。通过该过程的实施,学生可掌握查资料的技能,关注政府方针政策的实施原则和方向,关心国家时事,进一步掌握课程所学内容并学会将课本所学知识用于实际的技能,理解政府规划指标中经济增长与环境负荷匹配的合理性,体会到学以致用的乐趣。

最后,各小组收集资料制作成详细的 PPT 议题内容,各组派一名代表上台讲解该议题。具体内容包括:议题方向的讲解、运用课程内容对数据的验证和政府可能采取怎样的政策措施在实现经济稳步增长的同时实现"碳排放"指标的。学生讲解后其他小组进行点评,最后教师进行点评。学生有专门的评分表,对每组的每个议题进行评价打分。课后各组学生要根据课上的点评修改 PPT,并将修改前后的 PPT 上传至超星平台,每个学生也要将对各组的打分评分表上传至超星平台。通过该环节的实施,学生掌握 PPT 的制作技能,充分理解团队协作的重要性,并掌握如何收集资料为自己的议题目标提供依据,学会参考文献的撰写格式等基本技能。

该议题的实施,使学生通过实际操作,查找资料,切实感受到国家和各级政府为实现"绿水青山就是金山银山"所作出的努力,了解实现"双碳"目标的政府规划,树立正确的发展观。

五、课程的总体布局与党的二十大精神相融合

本课程的四个议题与党的二十大报告第十部分中的四个环保主题紧密相连。本课程的第一个议题"城市发展规划",是让学生了解国家的"十四五"规划,知道政府制定的"双碳"目标,再通过查找资料了解采取怎样的手段才能够加快发展方式绿色转型,实现"双碳"目标。第二个议题"产品的生态设计",让学生了解污染的防治要从源头节约资源和减少废物排放;第三、第四个议题"物质流分析"和"工业生态园",让学生了解自然生态系统的多样性、稳定性和持续性,尊重自然、顺应自然、保护自然,构建工业生态系统,站在人与自然和谐共生的高度谋划发展,实现人类的可持续发展。

纪录片欣赏

杨 洋

　　杨洋,上海大学上海电影学院教师,导演系负责人,获上海大学第十三届青年教师竞赛社科组一等奖。个人导演院线电影作品《我是城管》获中国纪录片学院奖、北京国际电影节纪录片单元主竞赛提名奖、中国高教影视学会学院奖(国家一级学会)、敦煌文艺奖(省部级)、嘉峪关国际短片电影展最佳选题推优奖(省部级)等众多奖项;编剧的长片电影《宫门口胡同二条》入选中国电影导演协会"青葱计划";参与大型中宣部纪录片《百年巨匠》拍摄等。个人作品多次在凤凰卫视、学习强国、央视网、深圳卫视、上海电视台等平台和 bilibili、爱奇艺视频网站等播出。

课程名称：纪录片欣赏

课程性质：专业必修课

课程学分：3

课程章节：整门课程

本课程要求以对经典纪录片的赏析为主,通过对纪录片历史的回顾、经典作品的分析和纪录片的几种创作方法介绍,清晰地把握纪录片的主要特点,使学生了解什么是纪录片、纪录片的属性与特征、非虚构与虚构、纪录片的价值和意义等,同时在纪录片欣赏课中,邀请纪录片导演来与学生进行创作交流,让学生真正掌握纪录片的创作方法和规律,从而运用到实际创作中。

一、教学理念

电影是一门实践的艺术,必须要脚踏实地地去写去拍,才能从中领悟电影创作的要意。而纪录片作为一种纪实性影视作品,它蕴含着社会学和人类学等多学科内容。学生通过欣赏纪录片,再自己尝试拍摄纪录片,可以拓宽思路与视野。学生只有拿着摄影机到大街上去看、去拍、去问、去想,真切地面对被拍者,剪辑自己拍摄的素材,才能够真正进入电影创作领域,才能够知道自己哪里不行、哪里行。纪录片的创作也给学生一个了解社会的机会,让他们在创作时能够言之有物。同时,拍摄纪录片,也对学生的剧作起到很大的帮助作用。只有具有清晰的剧作意识,学生才能够明白自己在现场到底要拍什么,才能在后期剪辑时有头绪、有思路。拍摄纪录片,还可以让学生了解真实生活中的人物,这对他们如何指导演员表演起到关键性作用。

二、课时安排

教学专题(一):什么是纪录片? 　　教学重点:纪录片的属性与特征 　　教学安排:课堂主讲	3课时
教学专题(二):直接电影 　　教学重点:了解直接电影的基本概念,并放映人类学纪录片《司公》 　　教学安排:课堂主讲	3课时
教学专题(三):放映纪录片《我只认识你》 　　教学重点:学生与主创进行交流,了解纪录片创作 　　教学安排:课堂主讲、学生练习、随堂点评	3课时

续 表

教学专题(四)：真实电影 　　教学重点：了解真实电影的基本概念 　　教学安排：课堂主讲、学生练习、随堂点评	3课时
教学专题(五)：放映纪录片《夏日纪事》等 　　教学重点：纪录片《夏日纪事》特点 　　教学安排：课堂主讲、学生练习、随堂点评	3课时
教学专题(六)：格里尔逊模式 　　教学重点：了解格里尔逊的基本概念，放映纪录片《风味人间》《敦煌》等 　　教学安排：课堂主讲	3课时
教学专题(七)：非虚构与虚构 　　教学重点：非虚构与虚构的区别 　　教学安排：课堂主讲、学生练习、随堂点评	3课时
教学专题(八)：经典纪录片片段分析 　　教学重点：《三节草》《徒手攀岩》等不同类型的纪录片样式 　　教学安排：课堂主讲	3课时
教学专题(九)：纪录片拍摄创作手法 　　教学重点：摄影、录音、灯光、剪辑等 　　教学安排：课堂主讲、学生练习、随堂点评	3课时
教学专题(十)：学生作品分析 　　教学重点：学生在拍摄纪录片中所遇到的一些问题 　　教学安排：课堂主讲、学生练习、随堂点评	3课时

三、教学方法设计方案

本课程主要采用讲授法、学生分组讨论、学生分组拍摄、纪录片放映及和主创交流等多元的方法与模块，依次为学生讲授什么是纪录片、纪录片的几种模式、虚构与非虚构之间的区别和关系，深入浅出，让学生在实践中真正了解纪录片创作。通过理论结合实践，让学生爱上纪录片，去拍摄纪录片，从而为自己未来的影像创作开拓更多的空间。

(一) 通过经典电影作品让学生树立正确的人生观和价值观

学生在创作剧本、故事短片、纪录片时，首先就是要找选题，在"纪录片欣赏"

课程中,学生报的选题是五花八门的。作为导演,格局很重要,千万不能有小巷思维,一些学生在选择自己所拍摄的选题时,经常是以偏概全,尤其是本科阶段的学生,他们对于社会的认知很难达到一定的高度,这就需要教师在专业课堂上为他们树立正确的价值观和人生观念,使得他们少走弯路。而在课堂上树立正确的价值观念和人生观,这其实也是课程思政的一部分内容。如何树立?这就需要教师在课堂上通过对经典纪录片的解读,以此来打开学生的思路。例如口碑很高的纪录电影《徒手攀岩》,讲述的是攀岩大师亚历克斯徒手攀登3 000英尺酋长岩的故事。这是一部纪录片,是真实拍摄,导演也是一位职业攀岩高手。教师在给学生讲述《徒手攀岩》整部影片时,不光要讲述关于电影专业的视听思维基础和故事表现的内核,更重要的是要将课程思政的内容融入其中,如亚历克斯坚定的人生目标和必胜的信念与意志,可以说攀登酋长岩是他的人生终极目标,为这次攀岩他准备了一年半的时间,借助绳索攀爬共60次,百折不挠,勇往直前。他反复尝试,不断实践,最终才取得了个人卓越的成绩。亚历克斯个人的意志是值得学生学习的——做任何一件事情都不是一蹴而就的。想想中国共产党的历史,想想新中国成立取得的伟大成就,之所以历经挫折而不断奋起,很重要的原因就是中国共产党人拥有坚定的意志、优良的作风和百折不挠的精神,以及团结一心的思想。"不忘初心,牢记使命,奋斗成就伟业,梦想凝聚力量",最终水滴穿石,苦尽甘来。这就是我们应当去学习的,这也应当是在电影专业课堂教学中去引申的意义,所以在电影专业课堂中用专业思维来引导学生政治认同是非常重要的。

(二)运用党史,结合"我的电影党课"来分析电影

在电影授课中,经常会给学生进行电影党课的思政教育,在学生的军训中,专业带队老师为学生讲述了电影《建党伟业》,这部电影史诗性地从1911年辛亥革命爆发开始一直叙述至1921年中国共产党第一次全国代表大会召开共10年间中国所发生的一系列重大事件,大体上由民国初期、五四运动以及中共建党三部分组成。那么如何将思政内容融入呢?这就需要教师结合党史以及党史中所发生的每一个关键性事件和重要人物来进行讲述,在讲述过程中加入电影的专业知识,例如,整部电影的结构是围绕1911年和1921年三次重大的历史事件展开的,三次事件可以独立形成章节,而同时又与中国共产党的命运息息相关,每一次事件的剪辑节奏和方法都有一定的区别,这些都是电影思维。电影《建党伟

业》的摄影师是赵晓时老师,可以看到摄影的视听镜头运用、景别、用光、色彩等,这些都是建立在对具体的人物进行具体分析基础上的。赵晓时老师曾说,他在拍摄《建党伟业》时,努力用镜头让历史鲜活起来、让人物立体起来、让画面生动起来,而这一切的一切还都是建立在熟悉历史事件、了解历史人物的基础上的。在课堂上,教师要通过历史来进行电影知识的讲授。

四、教学感想

学生对于纪录片创作充满热情,在课堂上踊跃发言,提出各自对于自己想拍摄人物的看法,以及他们对于所欣赏纪录片的理解。通过理论结合实践,学生不仅在课堂上学习了关于纪录片的内容和创作方法,更重要的是在课后进行动手、动脑的纪录片拍摄,真正拿着自己的拍摄设备去记录这个时代、去记录属于他们的生活和人。

"纪录片欣赏"课为学生打开了一扇新的创作大门,尤其是大一、大二的电影基础教育,更加需要"纪录片欣赏"的课程,而同时作为将来想要以创作为己任的学生,更要进行大量的纪录片观看和拍摄。因为这是最好的去用镜头认知这个社会的方法,他们只有了解这个时代以及生活在这个时代的人和他们自己,才能够在未来创作出无愧于这个时代的作品。

五、学生感言

吴同学:"纪录片欣赏"这门课是导演系很特别的一门课,很多人想到导演的时候往往想到的都是故事片导演,但其实纪录片也有很多学问。在课上杨洋老师介绍了不同的纪录片类型:格里尔逊模式、直接电影、真实电影、媒体纪录片。我们也了解了纪录片的历史。在杨洋老师的带领下,我们看了很多不同类型、不同时代、不同国家的纪录片。我明白了杨洋老师经常强调的一句话:"纪录片也是在讲故事。"纪录片和故事片本质上是一样的,不同之处在于纪录片是非虚构的影像志,它注重真实性,反映真人真事,从真实生活中获取创作素材。杨洋老师的课建立了我们对纪录片的审美基础,也教给了我们实用的办法。杨洋老师还给我们讲了很多他自己在拍摄纪录片时遇到的问题和总结出来的经验,在期末拍摄自己的纪录片作业的时候,我切实感受到了一学期来的收获,怎么找目标,怎么抓住重要的内容,怎么选择素材……在一学期的学习里,我们不仅了解了纪录片是什么,对于怎么拍一部纪录片、在拍摄纪录片的时候导演应该做什么也有了全新的认识。

邓同学:纪录片对于导演专业的同学来说是非常重要的。因为纪录片与故事片不同,纪录片所拍摄的对象和空间都是真实的人物和空间,相比于故事片,拍好纪录片的难度会更大。杨老师上课的方式十分有趣,在课堂前半部分会解释说明一些纪录片的相关知识点(比如直接电影、真实电影等),在课堂后半部分会放一些纪录片让同学欣赏。也会请一些纪录片的导演和同学们进行沟通和交流。杨洋老师鼓励大家进行纪录片创作。他会告诉大家一些拍好纪录片的观念。"田野调查"对于纪录片来说是非常重要的一环,去了解清楚自己要拍摄的东西,去了解自己所要拍摄的对象,把前期工作做好,对于之后的拍摄会有着更大帮助。在拍摄纪录片时也需要带着一种"真诚"的态度,纪录片是在拍摄真实的"人",与人的沟通,带着"真诚",才能和被拍摄的对象有更好的交流,被拍摄的对象也会放松自己对于镜头的警惕,能更深入地进入被拍摄的对象的内心。对于被拍摄的对象来说也需要进行选择,去选择一些表达欲望强,并且愿意打开自己内心的人,拍摄时会更加顺利,也能挖掘到人物的更深处。在课堂中,杨洋老师也邀请了许多纪录片导演,比如邀请赵青老师(纪录片《我只认识你》的导演)来和大家进行沟通。通过与纪录片导演的沟通,更加能够了解到导演拍摄这个片子的灵感来源、如何去拍摄、用了哪种拍摄设备、与拍摄者的沟通方法等。对于我而言,获得了许多启发和帮助。

甘同学:纪录片作为电影重要的一部分,虽然没有故事片那么广受关注,但却是最接近生活的"电影"。在杨洋老师的纪录片课上收获很多,看得出老师做过非常严谨认真的准备,在技巧上为我们讲述了纪录片的人物架构、故事结构和剪辑方法等,原来对故事片没有太多涉及的我对其也产生了兴趣,并且开始思考并实践如何拍摄一个主要人物。比起技巧和理论,更重要的是老师经常强调的纪录片的"真实性"和"拍摄与道德伦理"问题。纪录片导演需要与被拍者建立深厚的情感,同时也会涉及一些无法避免的感性与理性的平衡问题,老师说"需要平视你的被拍者,真正进入他们的生活,与他们产生共情",这是给我印象很深的一句话,同时也是纪录片最打动我的地方。好的纪录片一定饱含导演对人物的热爱，所有的一切都是真诚的，这使我对纪录片和纪录片工作者肃然起敬。另外，老师给我们精选了纪录片单，我想我需要慢慢深入学习，也希望可以有更多的时间学习和拍摄纪录片。

  李同学："纪录片欣赏"课是导演系的核心课程。在课程之中，我们发现纪录片相较于剧情片来说，是更加暴露、客观地直面世界。其实我本身特别害怕拍摄纪录片，但我喜欢看纪录片。害怕，是因为纪录片的拍摄永远是不可控的，你永远也不知道下一刻会发生什么，并且会让拍摄者特别容易陷入一种伦理的漩涡之中，但这种无法预料或许才是纪录片的魅力所在吧。在课堂中，我渐渐明白纪录片也是有很多种拍摄手法的，例如直接电影的拍摄手法，真实电影的拍摄手法，这些都让我受益颇多。杨洋老师还给我们布置了纪录片拍摄的作业。他理论结合实践，让我学到了很多东西，尤其是这次纪录片作业的拍摄。"纪录片欣赏"课结束之后，我最大的收获应该是能直面一些影像给我带来的各种各样的情绪了，并且能将这种情绪转化成创作的源泉。因为，当真实的空间真实的人们成为影像时，再也没有比这更有冲击力的事情了。

计算机组成原理

栗 君

　　栗君,上海大学继续教育学院讲师。主讲"计算机组成原理""专业设计"等课程,曾获首届上海市课程思政教学设计展示活动二等奖、2022年上海大学首届课程思政教学设计比赛一等奖等。主要研究领域：计算机科学与技术等。

课程名称：计算机组成原理

课程性质：专业基础课

课程学分：6

课程章节：整门课程

一、课 程 概 况

"计算机组成原理"作为"中国芯"技术的敲门砖课程,旨在强化对继续教育学生的计算机组成原理的专业知识传授和技能的培养,激发其学习主观能动性和行业的责任担当。通过本课程学习,学生能够掌握计算机各部件的基本工作原理和基本概念以及它们之间的内在联系,建立整机概念,掌握计算机结构的基本知识,掌握重要部件的内部计算机制及运行逻辑,为学生后续的硬件系统开发打下基础。课程在专业知识学习的同时,依托继续教育学生的特点,结合继续教育学院的使命"助力市民终身学习,提高城市软实力"、愿景"服务学习型城市,做终身教育领跑者"和办学定位"培养具有终身学习能力的时代新人",在"计算机组成原理"的教学中,利用多样的教学方式提升学生主动学习和善于思考的能力、拓展专业知识和与时俱进的学科知识的结合范畴。

二、教 学 目 标

(一) 知识传授

深入了解计算机各主要部件的基本工作原理和基本概念以及相互之间内部运行机制。

(二) 能力培养

使学生建立整机概念,掌握计算机结构的基本知识的运用能力,为学生后续的硬件系统开发打下基础。

(三) 价值引导

夯实硬件底层基础,强化科技强国意识,增强爱国热情,在专业领域内为所在行业、单位、岗位信息科技建设贡献力量。

三、教 学 过 程

（一）学情分析

1. 年龄跨度大，基础薄弱，起点低

继续教育学生入学门槛相对较低，不同年龄的学生构成复杂，相当数量的学生具备的学科基础知识相对较薄弱，学习能力较薄弱。虽然绝大多数学生有与专业相关的就业经验，但是专业知识缺乏系统性、完整性。

2. 学习愿望参差不齐

继教学生在就业后继续读书的原因比较复杂，结合了个人原因、家庭原因、就业原因和社会原因等，很大程度上稀释了单纯追求知识的意愿，所以如何调动学生读书的主观能动性、增强读书的兴趣和乐趣尤为重要。

3. 丰富的社会经验

继教学生相对而言有较丰富的社会经验，有较为成熟的人生观和价值观。在此基础上，如何让学生树立正确的世界观、人生观、价值观、具备良好的职业道德、认识行业使命是课堂思政的意义和难题。

（二）教学设计

本课程教学过程中，利用计算机组成原理与计算机领域技术发展强关联的优势，作深入分析、讨论和点评，同时，将思政素材与知识点有机结合，达到"潜移默化"和"润物细无声"的效果。部分结合点如表1所示。

表1　课程内容和思政结合点部分详细分布

章节	内容	思政结合点	形式	意义
第二章	冯氏结构	ARM结构	文献、报告	激发对前沿技术的求知欲
	数据表示中的进制标准	中国举办电子工业标准国际会议等	图文互动	了解中国在国际会议中的地位
	数据表示	5G标准、中国5G的发展	图、文、影、音	了解中国的5G发展，树立科技强国的信心

续 表

章节	内容	思政结合点	形式	意义
第三章	运算器中运算算法	"中国芯"企业的发展和强国之路	图、文、影、音	增强"四个自信"
	运算器中逻辑运算	异或运算引例国家网络安全大会	图文交互	重视网络安全
第四章	指令系统	2021年AAAI任命首位中国大陆执委及技术分享	图文结合	牢记核心技术自主创新的行业使命
		华人AAAI之夜专题活动	影图结合	树立科技强国信念
第五章	存储芯片	中国存储芯片的发展与展望	图文结合	熟悉行业特色
	常用算法	重温LRU算法	图文结合	尝试专业内学科的联结

思政内容的融入形式可灵活采用以下几种方式：

1. 多样化教学手段

比如，准备课程相关的案例，以短小的视频形式（3—8分钟）导入。案例选择与本堂课相关的行业信息，优先选用国内的前沿信息。课程中优化案例的使用，利用现代化信息技术，脱离传统的板书或PPT式案例教学。同时，视频相对简短，可以形象地突出案例中的重点部分。在对案例的分析过程中，更强调案例所带来的对人性、人生等的思考，对于继续教育的学生来说，更能顺理成章地、自然地引申到思想教育中。

2. 递进式问题启发导向式教学

比如，在讲到某个思政元素知识点时，以教师为起点，向学生抛出蕴含思想政治教育的问题，引导学生们带着问题去寻找答案。在此过程中，可通过递进式的交互问题一步步扩展学生的思路，从而培养学生思维的宽度和深度。对于基础水平不同的继续教育学生来说，这种方式可以体现个性化的学习，在尊重个体学习能力差异的同时，促进不同程度的学生有不同的收获。

3. 分组讨论式教学

对于有争议的、持不同意见的问题，可以以分组形式进行头脑风暴，从而汇总观点和想法，进行公开分享和剖析。学生发挥主体性，主动选择角度进行分享。发动学生动脑动手,挖掘感兴趣的内容,经过教师的判断后,课堂中向所有学生分享并讨论。这种方式可以激发学生主动学习和探索的积极性,也帮助教师了解学生的兴趣点和需求的方向。以活泼的、灵活的课堂氛围,提高学生的学习兴趣,改变学习态度。

(三) 教学评价

对课程思政的成效评价要立足于学生,以学生的感受及体验检验实施的成果和效果,从而在"三全育人"的总体工作格局中反馈继续教育课程思政建设的有效性。

对课程的评价方法可以采用体现学生"课程+思政"的综合能力的考核模式。具体从平时成绩和期末考试成绩两部分体现。

1. 平时成绩

分成专业课程和思政内容两部分评价标准。专业课程的学习仍然以课堂表现、平时练习成绩等为考量标准;思政内容可以通过观点讨论、内容分享、主动探究能力、协作能力等表现为考量标准。特别是课前提供学习资料,课中考量学生主动探究的学习能动性、分享能力等,对提升学生的能力有很好的效果。

2. 期末考试成绩

分课程期末考试成绩和思政成绩两部分进行衡量。课程期末考试仍以专业知识为考查重点。思政部分可融入专业知识考题中,以相关题目中的分问题形式体现,开放式的题目让学生有更多思考的空间。

这种"课程＋思政"结合的评价方式,既能对学生在课程学习中的效果和成绩进行评判,又能对学生的思想政治教育方面的情况进行衡量。特别是对于继续教育学生,他们对行业的认同度、工作的积极性、正确的价值观等都可在此评价中得以体现。

四、教 学 成 效

(一) 聚焦学生

在教学设计过程中,坚持以学生为中心,挖掘学生感兴趣的专业领域知识,探索前沿信息,扩展学生对专业知识的眼界和宽度,并对于其中的精神领会加以引导。比如连续几年在上海举办的世界人工智能大会,其中有和课程内容相关的芯片技术单元信息,可融入相关章节讲解,并鼓励不同程度的学生根据自己不同的兴趣点作深入了解并分享。调动学生的主动性,激发他们对专业课的兴趣,延伸课程的边界,做到抓住共性并兼顾个性。

(二) 内容重构

从小入手,从每节课入手,结合学生的成人化、碎片化、开放性、目标性等特点,紧扣学生工作中的痛点和难点,将其转化为课程中要解决的重点问题。找准学生的兴趣点、工作相关点,结合课程知识点,把思政内容融入常规学习中。

(三) 思想留白

利用课上和课后时间,做好思政课程的课内外延伸。根据本次课程的思政内容,布置学生查阅及思考延伸性问题,鼓励学生在课后从不同维度自行延伸学习,纵向的延伸可以加深思考的深度,横向的延伸可以扩展更多相关问题的探索,并且还可以串联下节课的思政内容。

(四) 多元评价

抛弃传统的以课内知识水平为单一的评价标准,扩展多维度的评价。在平时成绩和期末成绩中,全面考虑学生的多方位能力展示,除了专业知识的考查外,还包括主动探究能力、思考能力、总结能力及演讲能力等的评价,对继续教育学生在学习和工作中的能力的提升,是课程多元评价的意义所在。

五、教学思考

(一)教师的思政水平仍需提高

作为继续教育教师,面对的是已经有较多社会经验、具有相对独立的世界观和价值观的学生,因此务必要更深入学习,不断提高自身课程思政意识,坚定"四个自信",提升自己的思想政治和道德素养。在教学过程中,通过言传身教为学生树立良好的榜样形象,使课程思政具有"润物细无声"的效果。

(二)计算机专业知识更迭迅速

作为前沿学科,计算机专业的发展日新月异,与时俱进地扩充相关领域的前沿知识,对教师的学习能力要求更高,同时难度也更大。教师只有不断充实自我,有足够量的输入才能有优质的内容更多地输出给学生。

(三)继续教育课程思政刚刚起步

作为老牌理工科课程,结合课程思政的研究才刚刚站在起跑线上。前辈的经验和积累相对较少,没有模式可参考,这就要求教师更多地探索、试验和创新,不断总结经验与教训,积累丰富的素材和知识,研发适用于继续教育学生的独特的课程思政示范课程。

科技档案管理学

王向女

王向女,上海大学文化遗产与信息管理学院副教授、硕士生导师,全国青年档案业务骨干。主讲"科技档案管理学""口述档案""档案管理"课程,获全国高校信息资源管理课程思政说课比赛一等奖(2022年)。主持国家社会科学基金青年项目1项,上海市教委重点项目2项。出版专著《档案鉴定理论演化规律研究》,发表论文20余篇。主要研究领域:档案学基础理论研究、档案用户、档案鉴定、口述档案等。

课程名称:科技档案管理学

课程性质:学科基础课

课程学分:4

课程章节:第三章第二节　科技档案的功能

一、课 程 简 介

科技档案是科技生产活动的历史记录,详细记录了国家科技发展的历史。党的二十大报告中对"过去五年的工作和新时代十年的伟大变革"作了论述:"基础研究和原始创新不断加强,一些关键核心技术实现突破,战略性新兴产业发展壮大,载人航天、探月探火、深海深地探测、超级计算机、卫星导航、量子信息、核电技术、大飞机制造、生物医药等取得重大成果,进入创新型国家行列。"这些重大的科技创新成果是国之重器、国之利器,科技档案记录和还原了这些"大国重器"产生的各个历史阶段的活动原貌与成果。科技档案作为一种重要的信息源,对于一个国家和民族的历史与现实都是一种不可缺少的资源。

二、课 程 内 容

(一)科技档案的历史记忆功能

科技档案是科技生产活动的历史记录,详细记载了国家科学技术发展的过程以及在历史上形成的重要科技成果。中国第一历史档案馆就保存有清代的科技档案,包括:矿物、纺织、陶瓷、饮食加工、机械制造等方面的工业文件;驿站、桥梁交通方面的交通运输文件;河、湖、海、塘、渠工程的抢修、蓄洪、防涝等方面的水利文件。这些科技档案记录了国家科技发展的轨迹,展示了我国优秀的科技文化。

案例:"中国天眼"——500米口径球面射电望远镜(FAST)

FAST是由中国科学院国家天文台主导建设、于2016年9月25日建成的具有我国自主知识产权、世界最大单口径、最灵敏的射电望远镜。在这项重大工程的背后,科技档案工作伴随着FAST工程从开工建设到施工完成及最后调试阶段的全过程。科技档案工作者准确、及时、全面地收集和记录了FAST工程直接产生的具有保存价值的各种文字、图纸、图表、计算材料、声像材料等不同形式的信息,形成了系统的FAST工程档案材料。通过全员参与拍摄保存了全过程的声像档案资料,通过专人全过程跟踪管理、关键节点控制等措施,科技档案工作者建立了齐全、完整、规范的工程项目档案,完整、系统记录下了这个庞大复杂的归档系统。就在FAST开启巡天之旅时,FAST工程档案也在默默发挥着它的作用,记录着大国重器的诞生和科技工作者矢志不渝的情怀。①

(二) 科技档案的信息存储功能

科学技术发展史,就是人们认识自然、改造自然和利用自然的能力由低级向高级逐步发展的历史。在这个过程中,人们不断地形成和总结经验,借鉴和发展经验,这就要求必须有科技经验的有效积累和储备,而积累和储备科技经验的重要载体,就是作为科技活动及其成果真实记录的科技档案。

科技档案直接记录了人们从事各种科技生产活动的过程和经验,因而是一种重要的信息储备源。人们用来记载和储备科技知识的文献型载体的种类很多,如科技图书、科技资料等。科技档案的突出之处,在于它直接记述了人们的科技、生产活动过程、经验和成果。它所储备的是在科技、生产活动中直接产生和形成的原生信息。

案例:浙江湖州推进"五水共治"档案服务

党的二十大报告中指出:"我们坚持绿水青山就是金山银山的理念,坚持山水林田湖草沙一体化保护和系统治理,全方位、全地域、全过程加强生态环境保护,生态文明制度体系更加健全,污染防治攻坚向纵深推进,绿色、循环、低碳发展迈出坚实步伐,生态环境保护发生历史性、转折性、全局性变化,我们的祖国天更蓝、山更绿、水更清。"作为"两山"理念的诞生地,湖州市以科学合理的空间布局、集约宜居的城乡融合、绿色低碳的产业发展、高效节约的资源利用、自然秀美的生态环境、健康文明的生态文化和系统完整的制度保障体系,生动践行了习近平总书记提出的"两山"理念。

浙江因水而名、因水而兴、因水而美。水是生产之基、生态之要、生命之源,人与自然都离不开水。"根据2013年浙江省水利普查公报,浙江省人均水资源量只有1 760立方米,已经逼近了世界公认1 700立方米的警戒线。虽然浙江单位面积水资源量可以排到中国第四,但由于水资源80%分布于山区,所以人口集中、经济发达的浙东是重点缺水地区。而且浙江水资源还存在着供需缺口大、

---

① 朱兰兰:《科技档案管理学》,郑州大学出版社2022年版,第1页。

结构矛盾突出、污染严重、有效利用率低等四大突出问题。"[①]为建设美丽浙江，践行"绿水青山就是金山银山"的发展理论，中共浙江省委第十三届四次全会提出，开展治污水、防洪水、排涝水、保供水、抓节水的"五水共治"大规模治水行动。

湖州市经过几年来的攻坚克难和强势推进，"五水共治"工作取得了长足进展和显著成效，连续四年获得浙江省"五水共治"工作最高奖项，成功夺得"大禹鼎"金鼎。"五水共治"工作中形成了大量的文件材料，这些文件材料是治理工作的真实记录，对今后工作查考、历史研究、经验借鉴具有十分重要的价值。"五水共治"档案工作是"五水共治"工作的重要组成部分，是记录这一重大战略举措、保障"五水共治"工作顺利进行的一项基础性工作。

湖州市各级档案局馆设立各种形式的"五水共治"行动专题档案库。加强对工作中形成的纸质、照片、音像等各种门类档案的集中统一管理，真实、完整地记录全市开展"五水共治"专项行动工作内容，便于今后查询利用。湖州市档案局馆开展"五水共治"成就展，展览过大量图片、文件、影像等档案资料，梳理湖州市"五水共治"历程，了解湖州市"五水共治"的实践成果。为真实记录并充分展示"五水共治"工作中取得的成果，吴兴区治水办积极做好治水照片档案工作。选取部分典型对比照片，制作成汇编资料，共完成三本照片汇编册，其中包含了94组典型照片，直观反映了吴兴区在"五水共治"这一历史性过程中的不懈努力和巨大变化。

（三）科技档案的依据凭证功能

科技档案是科技生产活动的真实记录，其凭证价值在科技生产管理中具体体现为凭据功能。它不仅可以作为科学管理和科学研究的凭证，也是产品生产、工程建设的依据。

（1）科技档案是产品定型、成果鉴定和工程竣工验收的依据。
（2）科技档案是维护企业合法权益的凭证。
（3）科技档案是科学决策的依据。

案例："东方明珠"广播电视塔

在设计460米高的"东方明珠"广播电视塔时，气象档案为选址和抗风决策

---

① 应向伟、李原昭：《浙江水利专家解读"五水共治"》，《中国科学报》2014年3月24日第4版。

起到了重要作用。上海气象档案馆为工程查证了1951—1990年浦东川沙境内5公里范围内没有龙卷风的记录,查证了1900—1990年上海大风灾害记录,建议采取百年一遇的33.3米/秒风速为地面设计风速,此值仅比历史极大值大0.2米/秒,既安全又避免了浪费。

(四)科技档案的经济效益功能

科技档案的经济效益并不体现在创造新的财富上,而是体现在减少投入或节省资金上,这是科技档案对现行工作的一种较为显著的贡献。

案例:施工档案助火神山医院火速建成

2020年1月23日中午,一封来自武汉市城乡建设局的加急函送到了位于北京的中国中元国际工程有限公司。武汉市为抗击新型冠状病毒肺炎引发的疫情,决定建设应急传染病医院——火神山医院,为此紧急求援,函中提道:"据悉贵公司设计了2003年北京抗击'非典'的小汤山医疗点,有着丰富的传染病控制区设计经验,我局恳请贵公司提供小汤山医疗点的全套图纸。"于是,相关人员以十万火急的速度行动起来,迅速整理小汤山医院图纸及相关资料,经审核后,传递至千里之外的武汉。

1月23日晚,中国中元国际工程有限公司组织医疗建筑设计各专业的专家团队迅速建立直通联系通道,与武汉方面设计人员对接,24小时提供技术支持。谁也没有想到小汤山医院的图纸再次发挥了作用,中元人以长期积累的医疗建筑设计经验,助力火神山医院用10天时间神速建成[①]。

小汤山医院的基建档案复用到火神山医院建设,无疑是一次科技档案复用和利用的成功范例,也重分展现了科技档案的复用和利用的广域性特点,只要运用得当,就能产生广泛的社会效益和经济效益。

三、教 学 反 思

从教学方法上,通过教师所举的案例,运用讲解、讨论等多样的方式,充分调动学生的学习积极性和课堂参与度。

---

① 王燕民、戴莉、王睿:《档案助力抗击疫情医院建设》,《中国档案》2020年第3期。

从育人要素来看,通过科技档案的功能讲授课程知识,使学生了解科技档案事业的博大精深,培养学生对科技档案事业的热爱,建立文化自信。"科技兴则民族兴,科技强则国家强",通过知识传授、能力训练,引发学生思考科技档案在科技强国战略中的作用,培养学生既有远大抱负,又能脚踏实地,发挥档案存史资政育人的作用。

国 际 商 务

陈 军

陈军,上海大学悉尼工商学院高级讲师,硕士生导师。人社部认证高级物流师(一级)、高级国际贸易师、美国APICS授权Global Master Instructor。为中外学历生、国际交流生讲授课程"全球运营与供应链管理""国际商务""国际贸易实务""国际结算""创业创新""新零售管理"等,并指导本科生、研究生参加创业创新项目和各类学科竞赛。主要研究领域:跨境电商、数字经济。

课程名称:国际商务

课程性质:选修课

课程学分:4

课程章节:整门课程

一、教学设计思路

"国际商务"作为一门研究为满足个人及组织需求而进行的跨国界交易的科学的课程,其主要内容涉及经济学、管理学等多种学科。本课程的教学设计可概括为:慕课+翻转课堂+课堂总结讨论+课后练习。

通过慕课和翻转课堂让学生了解中国贸易、了解党和国家针对国际贸易采取的促进措施,学习中国国际贸易发展史及国内国际双循环的具体内容,并抛出本节课讨论主题:为何中国能在国际贸易中取得举足轻重的作用,中国共产党的正确领导在其中起到了怎样的作用?学生可以在课堂上分小组讨论,每个小组讨论结束后派一名代表作总结。课后也会有相应习题,学生可以在学习通平台提交作业。

二、指导思想与教学目标

(一)指导思想

坚持以"学生为主体,教师为主导"的新课程理念,通过创设情境,结合党的二十大主题内容提出问题,让学生参与,尽量让学生成为课堂的主体和知识的主动构建者,在解决问题的过程中提高学生分析问题解决问题的能力。

(二)教学目标

(1)使课程思政目标回归生活态度,回归"四个自信",培养责任担当意识。引起学生的情感共鸣,有效激励学习动力,有效促进学生对知识的理解、掌握和深化应用。鼓励学生积极参加调研,讲述身边的故事,丰富课程思政案例。项目组撰写中国故事,积极投稿毅伟、哈佛等欧美案例库,让世界了解中国的营商环境;让中国学生从国际商务的实践层面上升到理解我国社会主义市场经济建设的政治经济制度的内涵。

(2)进一步培养学生的家国情怀,培养正确的人生观、世界观和价值观,具备良好的道德情操,健全人格、智商和情商。

（3）提升学生的认识论、方法论和专业实践技能，积极参加创业创新和社会实践项目，在各类比赛中再创佳绩，开阔视野，提高学术诚信。

三、思政因素

（1）在"全球化"章节中，结合"一带一路"倡议，阐述国家政策对于全球化经济发展的重要性，弘扬民族精神。

（2）在"文化差异"章节中，结合弘扬中华民族文化，让国内外学生了解中华民族文化的同时，爱上中国的民族文化。

（3）在"国际商务伦理"章节中，开展反腐倡廉教育。

（4）在"全球货币制度"章节中，引导学生理解我国政府为了维护货币金融稳定所作出的贡献。

（5）在"国际企业战略"章节中，让学生更加深入理解中国国企改革及走向世界的战略，以及政府对于民族企业的支持，了解中国政府对于市场改革和刺激经济活力所作出的努力。

（6）在"国际商务运营"章节中，激发学生的学习先进管理技能报效国家的精神动力，树立为民族产业振兴，奋发图强的决心。比如以华为"南泥湾"项目为切入点，带领学生回顾延安南泥湾开荒垦殖大生产运动时期。以"中国公共卫生体系的建设和变迁"为案例，引导学生领悟中国公共卫生体系建设从被动应对到主动预防背后所折射出的中国之治。在讲授"国际会计准则"时，分析延安革命根据地面临经济封锁，中国共产党大胆采用实物计量，放弃会计基本货币计量假定，以实事求是思想路线推动了革命根据地经济建设，将师生带回自力更生、艰苦奋斗的延安时期。将党史学习教育融入国际商务课程，让学生由被动接受思政教育转变为主动自觉，让思政教育"活"起来、"火"起来。

四、教学重点、难点

混编班级用英语实施课程思政教学，达到教学目标，激发学习兴趣。在专业课程中加入思政因素，让国内外学生了解中国在全球化中的积极作用。

（一）教学方法

要求学生通过慕课先学习基本理论，通过翻转课堂让学生了解基本内容，课堂上组织中外学生进行案例分析讨论并完成练习题。教学过程中，充分利用视频和各类多媒体教学资源。

（二）教学设计的实施

（1）案例导入，包括案例视频导入相关理论。

（2）根据中外学生的关注点和最新的全球经济贸易发展中的热点问题设计提问。

（3）课程教授的要点主要针对学生预习中的疑惑点，引导学生养成正确的世界观。

（4）课程活动实施包括让学生分析案例回答问题，组织课堂辩论，对于学生的回答给予点评。

（三）课程的创新点

（1）在全球化进程中，"国际贸易实践"课程培养了学生的家国情怀，结合党的二十大相关内容，弘扬民族精神，振兴民族产业。

（2）通过中外商务比较和商务历史比较，在国际贸易商务实践教学中融入中国传统文化教育和商业伦理教育。

（3）从专业视角、历史视角和业务模式创新引申出制度建设自信、文化理论自信，培养学生遵守国际法律法规，反腐倡廉。

（4）鼓励中外学生应用课程知识，积极参加创业创新和社会实践项目，同时邀请校友回校学习和指导。

（5）实践类课程考核标准创新，学生自主撰写课程论文，结合科技前沿与中国文化，有的论文内容做到了与四史学习教育的有机结合。

（6）使用课程思政的"基因植入式模型"，在专业课程的理论和专业体系中，融入思政元素，通过元素内化的结果，让学生产生思想变化。教学设计新颖，建立了基本环节平台的设计，加强了重点环节的体验和关键环节的引导，优化难点的评价和核心枢纽的融合，达到了润物细无声的思政教学目标。

五、课 程 思 考

经过百年奋斗,中国已经成为世界第二大经济体,同时也是世界第一工业大国和第一货物贸易大国,为全面建设社会主义现代化国家奠定了坚实的物质基础。党的二十大报告中多次提及积极推进对外开放,依托我国超大规模市场优势,以国内大循环吸引全球资源要素,增强国内国际两个市场两种资源联动效应,提升贸易投资合作质量和水平。稳步扩大规则、规制、管理、标准等制度型开放。推动货物贸易优化升级,创新服务贸易发展机制,发展数字贸易,加快建设贸易强国。

课程在上海大学多年的实践探索和研究反思的基础上,引入"四个课堂"的理念,将真实的国际贸易实践项目通过课程内的第一课堂、课外的第二课堂、企业的第三课堂、互联网实践的第四课堂实现多课堂联动,并以此为界面联动创新教育生态资源,借助有机的国际贸易商务教育教学体系和创业创新体系来培养当代大学生在国际贸易商务活动中的爱国主义精神和创新创业精神,实现思政教育和实践教学相结合,促进大学生的全面发展。2017年,悉尼工商学院开放共享的嵌入模式(4.0版本)已经开启,校园内外形成了稳定的教育环境。基于不断尝试和创新驱动,促使经济金融系开始了国际贸易实践类课程核心模块化的设计,以期实现线上和线下课程的建设(第四课堂)。在专业教师指导下,学生获得了创业创新的市级和国家级立项,在双创赛、三创赛、"互联网+"比赛和商业精英赛、国际贸易大赛中都取得了优秀的成绩。项目成果形式包括:项目总结报告、在中外期刊发表教学研究论文、师生共同撰写课程思政案例和定期召开教学研讨会等。基于各类创业创新课程撰写的案例入选中欧案例库,指导学生社会实践的项目获得上海市及国家级奖项。目前,我们已指导学生在 SSCI、SCI、EI 等核心期刊发表几篇文章。

国 际 商 法

陈慧芳

陈慧芳，上海大学经济学院副教授、研究生导师。兼任上海市通浩律师事务所律师，上海静安青青公益发展中心理事。2022年担任上海大学国际商务专硕研究生核心课程以及全英文课程建设成员。主讲"国际商法""经济法""身边的民法""合同法"课程。"身边的民法"获评上海大学优秀课程，"国际商法""经济法""身边的民法"获评上海大学研究型、挑战性课程。编著有《经济法》《国际商法》《身边的民法》《合同法》等教材。发表论文和专报20余篇。主要研究领域：国际商法、民商法。

课程名称：国际商法
课程性质：专业选修课
课程学分：4
课程章节：第一章　国际商法概述　第二节　国际商法的渊源

国际商法的渊源包括哪些？国内法在什么情况下可以成为国际商法的渊源？这些依据能否成为国际法约束其他国家？

一、课程背景

党的二十大报告第十四部分"促进世界和平与发展，推动构建人类命运共同体"中指出："当前，世界之变、时代之变、历史之变正以前所未有的方式展开。一方面，和平、发展、合作、共赢的历史潮流不可阻挡，人心所向、大势所趋决定了人类前途终归光明。另一方面，恃强凌弱、巧取豪夺、零和博弈等霸权霸道霸凌行径危害深重，和平赤字、发展赤字、安全赤字、治理赤字加重，人类社会面临前所未有的挑战。"

一段时期以来美国利用其国内法对中国的发展展开了循序渐进的围追堵截。其中特朗普政府根据其国内《1962年贸易扩张法案》第232条以"国家安全"为由，决定对自中国进口钢铁和铝产品全面征税，又根据其国内法《1974年贸易法》的301条制定对中国"301调查"项下征税产品建议清单，对中国出口美国的3 500亿美元商品加征25%的关税。拜登政府更是相继推出芯片法案、美国2022年《国家安全战略》报告和《2023年国防授权法案》。这些都不利于企业公平参与全球竞争，在给全球经济复苏和技术创新带来负面影响的同时，也对我国企业的发展、行业的发展以及相关人才交流与技术进步带来了巨大挑战和限制。

美国2022年《国家安全战略》报告则明确指出美国将通过制定技术、贸易和经济发展规则等方式，也就是通过投资审查、出口管制、贸易制裁等新的贸易安排，加剧国际资本对中国经济发展的担忧，遏制中国在关键技术产业的发展与供应链中的地位提升。在美国《2023年国防授权法案》中，美国国会更是认为中国目前正日益频繁地使用经济制裁措施，对美国私人和国家利益造成了损害。因此，美国政府将全面启动反中国经济制裁的策略研究，并决议于180天内成立一个"反经济胁迫工作组"，来监控中国的"经济胁迫"行为，从而能够引导美国的盟友和美国采取一致行动对抗中国。

由此可见，美国正逐步推行国内法和政策，从诸多方面封锁、打压我国在相关科技、经济等领域的发展。

世界贸易组织成立后,对于"301条款"美国曾承诺,不会在没有争端解决机构裁决的情况下,单边使用"301条款",如果使用,则美国将承担国家责任。现在美国无视这些承诺,宣布将对中方采取大规模制裁措施。这是典型的单边主义和贸易保护主义行为,违反世贸组织最惠国待遇等核心规则;美国"232条款"措施并非基于"国家安全"的考虑,而是为了保护其国内产业;《科学与芯片法案》更是遏制别国发展的霸权法案。美国颁布的这些国内法都不应该成为可以约束、制裁他国的国际法。党的二十大报告第十四部分提出了应对挑战的路径:"世界各国弘扬和平、发展、公平、正义、民主、自由的全人类共同价值,促进各国人民相知相亲,尊重世界文明多样性,以文明交流超越文明隔阂、文明互鉴超越文明冲突、文明共存超越文明优越,共同应对各种全球性挑战。"

二、课程知识点

国际商法的渊源,主要是指国际商法具体表现为哪些形式,其可分为两大类,即国际法规范和国内法规范。在国内体系中,法律是由立法机关、法院及其他政府机构制定的。但在国际法体系中,不存在一个制定并执行法律的世界性政府,也不存在一个公认的解决不同国家公民之间争端的法院。

具体的国际商法渊源包括以下三个方面:

(一) 国际立法

国际立法是为国际上两个或两个以上的国家就经济、贸易、法律等方面所形成的权利和义务关系所制定的规范性文件,通常表现为条约、公约、宪章、盟约、规约、专约、协定、议定书、换文、最后决议书、联合宣言、联合声明等。国际立法通常经缔约国立法机关核准后,纳入该国国内法,而且该国所缔结或参加的国际条约与国内相关法律相冲突时,除声明保留者外,有义务优先适用条约的规定。这就是国际公认的条约优先适用原则。

(二) 国际商事惯例

国际商事惯例是国际商事交往中经过反复使用逐渐形成的,已被各国商事主体普遍接受和采纳的习惯性做法。其起初以不成文的"约定俗成"的形式出现,现多由一些国际组织编纂成文,既消除了历史上形成的不同国家和地区间对同一种惯例在解释和适用上的差别,又根据新技术革命带来的国际商事交往方式的变化,修改和完善了其内容和形式。国际商会制定的 2020 年《国际贸易术语解释通则》、2006 年《跟单信用证统一惯例》(UCP600)就是最好的例证。也有某些国际组织"创制"的国际商事惯例采取"示范法"的形式,如《国际商事合同通则》《联合国电子商务示范法联合国国际商事仲裁示范法》等。国际商事惯例并无国际立法那样的普遍性约束力,但一旦被国际商事交易当事人选为准据法,那么该惯例对当事人就具有优先适用的效力。

(三) 国内立法

国内立法一般只对该国主权管辖范围内的人和事有效,不能随意延伸至国外,否则就会引起国际冲突。但是,前述国际立法和国际商事惯例事实上不可能规范所有的国际商事关系,各国在对外经济贸易方面也制定了大量的法律法规。根据国际私法中的冲突规则,处理国际商事纠纷的准据法往往是一个特定国家的国内法。因此,国内立法也可以成为国际商法的一个渊源。学生应当了解和掌握外国尤其是市场经济发达国家的民商法规定,并在处理国际商事纠纷时,首先找准准据法。

三、课后延展练习

布置课后小论文,题目:"以顽强精神应对风险挑战"。具体要求:

(1) 格式:大标题 3 号黑体居中,中标题 4 号黑体居中。正文小 4 号宋体,1.5 倍行间距。

(2) 写作内容:直接提出小论文所要解决的问题;当前挑战的具体内容;分析挑战出现的成因;提出如何应对挑战的建议。(100 分制,每一部分 25 分)

(3) 要求:条理清晰,言之有物,确保原创,字数控制在 800 字左右。根据"国际商法"课程中关于国际商法渊源提出的问题、内容,深入学习党的二十大报告,思考我国应该如何应对挑战?

中国神话传说 A

杨英颖

杨英颖,上海大学国际教育学院讲师。主讲"中国神话传说 A"课程,入选 2021 年校级重点课程、研究型挑战性课程,参编《走近中国经济》《实用汉语教程》等教材。主要研究领域:国际中文教育。

课程名称:中国神话传说 A
课程性质:专业选修课
课程学分:2
课程章节:整门课程

一、课 程 简 介

"中国神话传说A"是一门面向国际学生的专业选修课,自2017年至今已连续开设7轮,2021年立项为校级重点课程,并被认定为"研究型挑战性课程"。课程旨在向国际学生介绍中国神话传说故事,使学生理解其中蕴含的中国文化传统和民族精神。

党的二十大报告中指出,"坚持和发展马克思主义,必须同中华优秀传统文化相结合""中华优秀传统文化源远流长、博大精深,是中华文明的智慧结晶,其中蕴含的天下为公、民为邦本、为政以德、革故鼎新、任人唯贤、天人合一、自强不息、厚德载物、讲信修睦、亲仁善邻等,是中国人民在长期生产生活中积累的宇宙观、天下观、社会观、道德观的重要体现,同科学社会主义价值观主张具有高度契合性"。这段话不仅指明了中华优秀传统文化在马克思主义中国化时代化中的作用,而且给出了明确的结合点。这些优秀的民族精神,正是中国神话传说故事的闪光点,也是党的二十大精神融入"中国神话传说A"课程的立足点。

二、教 学 目 标

中国神话传说中记载留存了华夏先民对世界与自身的质朴认识,以雄奇瑰丽的想象展现了大气磅礴的审美情趣和对脚下土地的赤诚热爱。擎天踏地的盘古一斧劈开混沌,破出新天地;大地母神女娲蕴巧思于黄泥,捏制人类,又炼石补天,救民于水火;炎黄由战而合,携手缔盟,共同谱写华夏文明序章;尧舜重德敬贤,以身垂范,实现了天下安定;大禹刚毅坚忍,开山治水,划定九州,开启了中华历史长卷。正如习近平总书记在第十三届全国人民代表大会第一次会议上的讲话中所说,"盘古开天、女娲补天、伏羲画卦、神农尝草、夸父追日、精卫填海、愚公移山等我国古代神话深刻反映了中国人民勇于追求和实现梦想的执着精神",中国神话故事真正"富有中国心、饱含中国情、充满中国味",其内在价值观与党的二十大指出的传统优秀宇宙观、天下观、社会观、道德观天然契合,是向国际学生实施"课程思政"的优质载体,是"提升中华文化影响力"的有力工具。因此,"中国神话传说

A"在课程逻辑和学习对象分析的基础上,制定了以下三个方面的具体教学目标。

(一)知识传授

通过神话故事的讲述和比较,使学生了解神话和传说的起源、概念、特性、分类,使学生熟知中国著名神话传说故事。

(二)能力培养

通过"用中学"提升学生的听说读写汉语综合能力;通过小组任务,提高学生的沟通协调能力、团队合作能力和跨文化交际能力;通过课程报告撰写,提高学生的文献检索分析能力和逻辑思维、辩证思维、比较思维、创新思维等与科研相关的高级思维能力。

(三)价值引导

通过对中外神话同主题神话故事的集中展现,打开学生的国际视野,培养学生客观、开放、包容的心态,树立学生"各美其美、美美与共"的多元文化观和价值观,加深学生对"人类命运共同体"的理解,培养"知华友华"的国际学生。

三、教 学 内 容

本课程教学内容由古及今,以中国神话为主,兼及其他国家和民族的神话。

(一)由古及今(教师讲授)

习近平总书记在强调中华民族优秀传统文化与培育民族精神的关系时指出"传承中华文化,绝不是简单复古,也不是盲目排外,而是古为今用、洋为中用,辩证取舍、推陈出新,摒弃消极因素,继承积极思想,'以古人之规矩,开自己之生面',实现中华文化的创造性转化和创新性发展。"

"中国神话传说 A"课程由古代神话故事进入,但不止步于古代,而是以神话故事中蕴含的传统价值观为链接,过渡到当下。课程已经在这方面进行了一些探索,比如将炎帝神话与袁隆平的事迹进行结合,将奔月神话与探月工程进行结合。今后,课程将更系统化进行梳理,结合实例阐释传统优秀的价值观是如何通过"创造性转化和创新性发展",在新时代继续彰显价值,指导中国目前的社会发展和日常生活的。

下表归纳了与课程内容相关的神话主题、主要故事,对应的中华文明的精神标识与文化精髓以及它们在当代的体现。

神话主题	主 要 故 事	精神标识	当 代 体 现
1. 开天辟地	盘古开天,烛龙混沌	天人合一	生态文明(环保)
2. 人类初生	女娲造人,女娲补天	厚德载物	脱贫攻坚(农村)
3. 文明之火	钻木取火,仓颉造字	革故鼎新	航天探月(科技)
4. 炎帝神农	农业发展,亲尝百草	民为邦本	抗击疫情(医疗)
5. 黄帝轩辕	阪泉之战,涿鹿之战	讲信修睦	大国外交(外交)
6. 尧帝陶唐	举贤用能,禅让传位	任人唯贤	干部选任(政治)
7. 舜帝有虞	孝顺友爱,天下明德	为政以德	党的历程(历史)
8. 日升月恒	夸父逐日,后羿射日	天下为公	自贸网络(经济)
9. 大禹治水	大禹治水,定鼎九州	自强不息	红色学府(校史)
10. 传世爱情	牛郎织女,梁祝化蝶	亲仁善邻	我们在中国的家(国际学生在上大)

(二) 以中国神话为主,兼及其他国家民族神话(学生"翻转课堂")

党的二十大报告中指出,中国特色大国外交,要"坚持亲诚惠容和与邻为善、以邻为伴周边外交方针""推动构建新型国际关系,推动构建人类命运共同体"。对国际学生的教学交流,作为民间外交的一部分,要有平等开放、真诚包容的自觉。因此,课程从中国神话故事入手,但不局限于中国,而是请各国学生分享自己国家民族的神话传说故事,欣赏同一主题下不同民族异彩纷呈的叙事。

人类学大师马林诺夫斯基曾指出,神话原生性地表达着民族精神中最稳固、最恒定的部分,承载一个民族一脉相承的文化基因。神话学大师坎贝尔曾指出,读神话可以发现许多人类的共通处:人类需要呼唤久违的神性,需要借由神话以接近永恒,需要透过神话以洞悉生命的奥秘。神话,是民族的,也是世界的,既包含着各民族特有的文化基因,又展现了人类共同的文化"元"基因。各国学生在课堂分享神话故事,大家为各国故事不同的曲折情节赞叹,又不时产生情感与思想的共鸣。在分享、比较的过程中,学生从内心深处体会到世界是多元的,多元世界的人类共享同样的情感与命运,是完全可以沟通交流的,从而加深对"构建人类命运共同体"的理解。

这一部分主要在学生小组主持的"翻转课堂"中进行,每周由一个小组负责。"翻转课堂"包括三个活动:"你问我答"(对教师讲授内容的复习巩固)、"主题展演"(由学生进行和神话主题相关的朗诵、游戏、展示、表演等)、"自主课堂"(外国同主题神话故事的讲述和中外神话比较)。

第一部分的教师讲授联合第二部分的学生"翻转课堂",加上课前的"故事风暴"、课中的"知识测验"、课后的"讨论与实践"、考核部分的"课程报告",共同形成完整的教学过程。

四、教学理念

党的二十大报告中指出,"推进文化自强自信"的一项重要任务是"增强中华文明传播力影响力。坚守中华文化立场,提炼展示中华文明的精神标识和文化精髓,加快构建中国话语和中国叙事体系,讲好中国故事、传播好中国声音,展现可信、可爱、可敬的中国形象。加强国际传播能力建设,全面提升国际传播效能,形成同我国综合国力和国际地位相匹配的国际话语权。深化文明交流互鉴,推动中华文化更好走向世界"。这一论述启发了"中国神话传说 A"对课程教学理念的思考。

课程选择向国际学生讲述中国神话故事及其精神精髓的当代体现,正是源于对中华文化立场的自信坚守。神话故事蕴藏着植根于我们血脉深处的文化基因,体现了中国人民自立自强、追求美好生活的价值观。故事的表达形式决定了这种价值观是以"可信、可爱、可敬"的形象化的方式呈现的,因而更易于接受。而对中华文化立场的自信坚守,也使中国人民以开放的心态观察差异、理解彼此,在不同民族的故事比较中、在开放性的讨论互动中进行交流互鉴,在互鉴中进一步树立传播"可信、可爱、可敬"的中国形象,在讲授中"坚守中华文化立场",在讨论中"深化文明交流互鉴",这正是"中国神话传说 A"课程教学所要秉持的教学理念。

数字电子技术

唐智杰

唐智杰,上海大学机电工程与自动化学院副教授。兼任上海市发明协会理事。主讲"数字电子技术""数字电路应用"等课程,主要从事智能检测、智能机器人设计与控制和人工智能等方面的研究,主持和参与十余项国家级及省部级科研项目。以第一作者或通信作者在 Applied Mathematics & Computation、Applied Acoustics、Expert Systems with Applications、Measurement Science and Technology 和 IET Image Processing 等国际国内重要学术期刊上发表 SCI/EI 收录学术论文 50 余篇;以第一申请人申请国家发明专利 50 余项,其中已获得授权 41 项,实现多项专利技术成果转化。2013 年获上海市技术发明二等奖 1 项,2015 年获上海市科技进步一等奖 1 项,2015 年获上海市技术发明二等奖 1 项(排名第一),2019 年获上海市技术发明三等奖 1 项(排名第一),2020 年获中国航海学会科学技术一等奖 1 项(排名第二)。

课程名称:数字电子技术
课程性质:专业基础课
课程学分:3
课程章节:整门课程

一、课程简介

"数字电子技术"课程是自动化专业、电子专业、机械工程专业和计算机专业的学科基础课程。它主要讲述了数字电子技术的发展、数字逻辑技术和数字电子电路的设计与分析等内容。课程目标是使学生有丰富的理论知识,并且有一定的实践操作技能。习近平总书记在全国高校思想政治工作会议上指出,要坚持把立德树人作为中心环节,把思想政治工作贯穿教育教学全过程,实现全员育人、全程育人、全方位育人(三全育人)。课程思政是以构建"三全育人"格局的形式将各类课程与思想政治理论课同向同行,形成协同效应。课程思政是把立德树人作为根本任务的一种综合教育理念。如何有效地将课程思政融入"数字电子技术"课程中,一直是教师教学应思考的重要问题。本文从历史发展和实验创新两条主线入手,着力于提供一种专业课课程思政融合的教学手段和方法。

二、教学方式

(一) 以发展为主线,融合思政

"数字电子技术"课程一般采用理论与实验相结合的教学方式。理论教学内容包括数字逻辑基础、逻辑代数、逻辑门电路、组合逻辑电路的设计与分析和时序逻辑电路的设计与分析等内容。技术随着历史的发展不断创新进步,其间又穿插着各种励志和感人的故事,本课程就以发展中的历史故事为背景,向学生弘扬爱国主义精神,激发学生奋斗热情。

以电子管的发展为例,具体如图 1 所示。

将世界第一个电子管产生的年代与中国第一个电子管产生的年代进行对比,得到我国在此方面技术落后于世界先进技术整整 45 年的结论。之后,引出中国电子管技术先驱者、电真空工业创建人之一的单宗肃的事迹。他谢绝了美方的挽留,回国创业,在南京的一个简陋厂房里创造了我国的第一个电子管,彰显了老一辈科学家爱国精神和艰苦奋斗精神。

将世界第一个电子管计算机产生的年代与中国第一个电子管计算机产生的

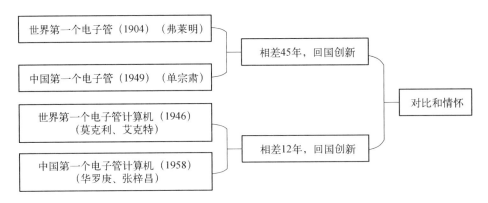

图 1　电子管教学讲述对比图

年代进行对比,得出 12 年的技术发展落后间隔年代的结论。之后,引出华罗庚和张梓昌等人物,用他们的爱国精神对学生进行思政教育。

本课程以科技发展为主线,采用国内外对比和历史人物故事穿插教学的方式,将思政元素融入教学中,培养学生的爱国情怀和吃苦耐劳精神。

(二) 以实验创新为主线,融合思政

"数字电子技术"课程一般采用理论与实验相结合的教学方式。实验教学环节主要包括数字电子电路功能测试、组合逻辑电路的设计与分析和时序逻辑电路的设计与分析。实验由前期设计、方案分析和方案验证与优化等环节组成。本课程采用团队协作方式开展实验分解和整合设计,进而开展方案验证与优化讨论。整体实验以糖果颗粒的罐装系统为主线,实验分立设计与贯穿设计相融合,采用学生分组设计与讨论相结合,理论设计与实践相结合的教学思路。

本课程的整体实验参考框图如图 2 所示。

整体实验的目的是实现糖果颗粒的罐装,通过按键和七段数码管来完成人机交互功能,具体表现为可以实现单瓶颗粒数目的设定与实时状态显示和总装瓶中颗粒总数的显示。通过控制传送带马达,结合计数光电传感器和瓶到位光电传感器信号采集与检测,最终形成一个融合组合逻辑电路和时序逻辑电路的机电一体化控制系统。

根据整体功能需求,以分组形式开展整体设计和功能子单元的设计与验证,让学生在掌握基本理论的基础上开展团队协作。同时,让学生针对设计进行创新思维考虑。

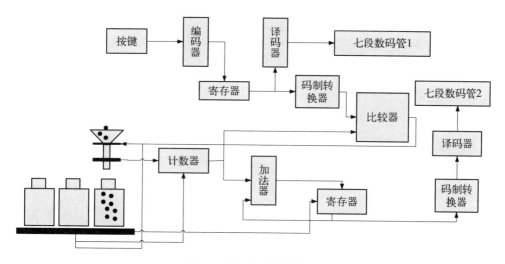

图 2 整体实验参考框图

以计数器与、加法器和寄存器三者之间的衔接为例,引导学生思考如何保证数据的正确传输、以何种数制方式传递数据更加有利于整体设计、三个模块是否可以缩减等问题。这些问题其实就是工程项目中经常会碰到且容易被忽视的问题。通过对数据在不同模块之间传输的稳定性讨论,可以让学生了解和掌握数据传输的同步问题、数据出错的纠错机制等深层次的实践知识。通过对数据传输中数制方式的讨论,引发学生对数据传输效率和整体数据处理效率的思考,进而培养学生的节能减排意识。通过模块缩减的讨论,引发学生对整个理论体系讨论。通过开展功能合并和扩展技能的学习,引发学生的创新思维。

本课程将理论与实践相结合,所有环节均设置实验验证环节,让学生进行实际实验验证,培养学生的动手能力。方案是由学生自己设计的,方案的验证可能存在各种错误的情况。学生通过不断优化方案,反复实践,最终成功验证方案。通过方案与验证的反复教学实践,引导学生脚踏实地地学习,弘扬"实践是检验真理的唯一标准"的思想,弘扬科学精神。

(三) 思政实施成效

在"数字电子技术"课程教学中融入课程思政教育的实践已初显成效。主要体现在以下方面:

(1) 通过课程思政的融合,教师的积极性显著提高,课程教案内容更加丰富,课程组教师更加热爱教学、爱护学生,注重学生的全面发展。

（2）通过课程思政的融合，课程中引入了各个阶段的历史爱国人物事迹，也引入了"工匠精神"等思政元素，采用整体设计和功能子单元相结合的实践验证教学模式，使得学生的课堂参与度显著提高，学生解决实际问题的能力也显著增强。

三、教 学 总 结

立德树人是教育的根本任务。本课程采用了历史发展与实验创新两条主线贯穿于教学的各个环节中，有效融合思政元素，既可以激发教师的教学积极性，也可以有效提高教师的教育教学水平。

营销策划

颜 卉

颜卉,管理学博士。上海大学管理学院讲师、硕士生导师。主讲"品牌管理"留学生全英文课和"整合营销传播""管理沟通""营销策划"等。2019年,"整合营销传播"在上海大学第二届课程思政微课教学比赛中获得一等奖。发表各类中英文论文约30篇。

课程名称：营销策划
课程性质：专业选修
课程学分：3
课程章节：整门课程

一、课程简介

"营销策划"作为一门实用性很强的课程,适合深度结合当前的现实发展,深入融合党史学习教育中的多种元素,让学生在掌握实际商务技能的同时,培养学生树立正确的世界观、人生观和价值观。本课程是管理学院的专业选修课,选择本课程的学生对市场营销和创意策划都有浓厚的兴趣。本课程中党史融合的过程能给课程赋予更明确的思政意蕴,让学生明白在实现市场化盈利的过程中可以造福社会。课程与党史学习教育的深度融合可以帮助学生更好地理解当下条件下的课程内涵,使得营销策划的智慧能发挥更有意义的社会价值。

二、教学框架

本课程的教学框架如图1所示。

为了更好地开展教育,本课尝试从两个维度展开教学:第一是仰望星空式的理论教学,第二是脚踏实地式的社会实践。

(一) 理论教学

仰望星空式的理论教学,就是将"乡村振兴"的精神在营销策划的市场战略策划部分引入,使得党史学习教育与课程教育具有强烈的现实意义。具体操作如下:本课程内容首先结合党的二十大报告中相关的"乡村振兴"元素,教师在介绍"乡村振兴"精神之后,紧密结合营销策划的核心理论,诸如SWOT、市场细分理论、市场定位理论和竞争战略模型等。这些商业理论都为实现"乡村振兴"的目标提供了解决问题的思路。为了更好地理解这些理论概念,教学引入了天顺农业的案例学习,引导学生在"乡村振兴"的思想指导下如何利用商业理论解析天顺农业主导的"乡村振兴"战略,即田园综合体项目的规划与推进。教师在上课过程中首先介绍了"乡村振兴"的概念含义,然后阐述相关的营销策划理论,并使用天顺农业田园综合体案例教学,鼓励学生分析天顺农业田园综合体案例是如何用相关的营销策划理论来实现"乡村振兴",并对实现持续的"乡村振兴"

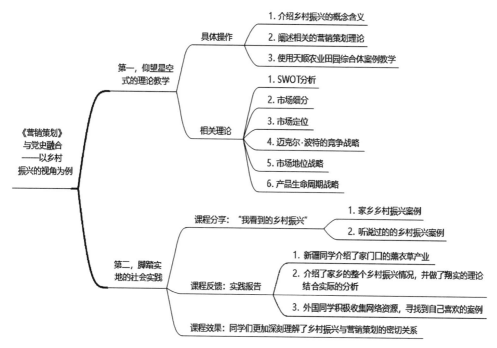

图 1 营销策划与"乡村振兴"

和共同富裕展开思考。

首先介绍的是"乡村振兴"相关含义。党的二十大报告提出,要全面推进"乡村振兴"。要"坚持农业农村优先发展,坚持城乡融合发展,畅通城乡要素流动"。要"扎实推动乡村产业、人才、文化、生态、组织振兴"。要"全方位夯实粮食安全根基","牢牢守住十八亿亩耕地红线"。要"深化农村土地制度改革,赋予农民更加充分的财产权益。保障进城落户农民合法土地权益,鼓励依法自愿有偿转让"。党的十九大报告首次提出了实施"乡村振兴"战略。"乡村振兴"战略坚持农业农村优先发展,目标是按照产业兴旺、生态宜居、乡风文明、治理有效、生活富裕的总要求,建立健全城乡融合发展体制机制和政策体系,加快推进农业农村现代化。全国各地都在积极探索建设模式,发掘原有地方资源,结合地方名胜古迹、地方特产、民俗节庆和历史典故等,运用富有创新创意的理念和实践营造乡村生命力。

课程分几次课介绍以下的相关营销经典理论,为学生提供专业思考给出提示。

(1) SWOT 分析:所谓 SWOT 分析,即基于内外部竞争环境和竞争条件下的态势分析,就是将与研究对象密切相关的各种主要内部优势、劣势和外部的机会、威胁等,通过调查列举出来,并依照矩阵形式排列,用系统分析的方法,把各种因素相互匹配起来加以分析,从中得出一系列相应的结论,而结论通常带有一定的决策性。运用这种方法,可以对研究对象所处的情景进行全面、系统、准确的研究,从而根据研究结果制定相应的发展战略、计划以及对策等。S(strengths)是优势、W(weaknesses)是劣势、O(opportunities)是机会、T(threats)是威胁。按照企业竞争战略的完整概念,战略应是一个企业"能够做的"(即组织的强项和弱项)和"可能做的"(即环境的机会和威胁)之间的有机组合。

(2)市场细分:市场细分(market segmentation)是指企业按照某种标准将市场上的顾客划分成若干个顾客群,每一个顾客群构成一个子市场,不同子市场之间,需求存在着明显的差别。市场细分是选择目标市场的基础工作。市场营销在企业的活动包括细分一个市场并把它作为公司的目标市场,设计正确的产品、服务、价格、促销和分销系统"组合",从而满足细分市场内顾客的需要和欲望。

(3)市场定位:市场细分(market positioning)的概念最早由美国营销学家温德尔·史密斯于1956年提出,此后,美国营销学家菲利浦·科特勒进一步发展和完善了温德尔·史密斯的理论并最终形成了成熟的STP理论——市场细分(Segmentation)、选择适当的市场目标(Targeting)和定位(Positioning)。它是战略营销的核心内容,指企业在一定的市场细分的基础上,确定自己的目标市场,最后把产品或服务定位在目标市场中的确定位置上。

(4)迈克尔·波特的竞争战略:"竞争战略"是由当今全球第一战略权威,由被誉为"竞争战略之父"的美国学者迈克尔·波特于1980年在其出版的《竞争战略》(*Competitive Strategy*)一书中提出,波特为商界人士提供了三种卓有成效的竞争战略,它们是总成本领先战略、差别化战略和专一化战略。波特的竞争战略属于企业战略的一种,它是指企业在同一使用价值的竞争上采取进攻或防守的长期行为。

(5)市场地位战略:可分为领导者战略、挑战者战略、追随者战略、补缺者战略。

(6)产品生命周期战略:产品生命周期一般可以分成引入期、成长期、成熟期和衰退期四个阶段。企业不能期望自己的产品永远畅销,因为一种产品在市场上的销售情况和获利能力并不是一成不变的,而是随着时间的推移发生变化,这种变化经历了产品的诞生、成长、成熟和衰退的过程,就像生物的生命历程一样,所以称之为产品生命周期。产品生命周期就是产品从进入市场到退出市场所经历的市场生命循环过程,进入和退出市场标志着周期的开始和结束。

这部分由教师介绍的内容旨在让学生深知,营销策划这样的商业活动,必须承载一个更加高尚的社会目标,即带动乡村的共同富裕、乡村振兴,这才是新时代的要求,这才是真正的商业向善。

(二) 社会实践

脚踏实地的社会实践。本课程设计了一个分享叫作"我看到的'乡村振兴'"。请学生结合家乡"乡村振兴"案例或者他们听说过的"乡村振兴"案例,用营销策划的知识来分析这些地方或者企业是如何来努力实践并实现"乡村振兴"的。建议学生结合家乡的"乡村振兴"案例,这样学生自己最有体会。考虑到学生来自五湖四海,过程中也可以观察分析同学的家乡,也可以分析各自去过的看到过的或者旅游过的地方,也可以分析电视上看到的或者听说过的地方,介绍并分析的可以是"乡村振兴"相关的企业、项目或者组织和活动。课程收到了所有学生的实践报告,学生丰富多彩的视角观察了身边的"乡村振兴"与巨变。比如新疆学生介绍了家门口的薰衣草产业,既贡献经济发展又实现环境升级;有的学生介绍了家乡的整个"乡村振兴"情况,并作了翔实的理论结合实际的分析;国际学生虽然还在国外,也积极收集网络资源,寻找到自己喜欢的案例,在展开调研的过程中了解我国的"乡村振兴"战略。总之,学生在主动学习过程中,更加深刻地理解了"乡村振兴"与营销策划的密切关系。

三、教 学 总 结

"营销策划"课程与党史学习教育融合的尝试才刚刚开始。此次尝试的是"乡村振兴"的视角,未来还可以尝试融入很多视角和元素,如课程中可以融入党的二十大报告中所提出的共同富裕、红色记忆、红色之旅等内容,并结合文化传承、创新精神、树立正确的价值观等思政目标。课程将继续从两个维度展开教学,从而做到教师价值引领与学生主体创造的最佳结合。

力学与实践

丁 珏

丁珏,上海大学力学与工程科学学院党委副书记,副研究员、硕士生导师。主讲本科生"流体力学",研究生"力学与实践""空气动力学"课程。主持或参与多项国家自然科学基金项目,国家级、省部级课题。发表论文和专业文章30余篇。主要研究领域:爆炸理论及其应用、空气动力学等。

课程名称:力学与实践

课程性质:学科基础课(研究生)

课程学分:2

课程章节:力学与国防科技发展、爆炸理论及其应用

中国共产党第二十次全国代表大会于2022年10月16日在北京召开,这是全党全国各族人民迈上全面建设社会主义现代化国家新征程、向第二个百年奋斗目标进军的关键时刻召开的十分重要的大会。作为高校教师,不仅需要认真学习贯彻党的二十大精神,而且需要将党的二十大精神融入课程教学中,潜移默化地引导学生成为有理想、敢担当、肯奋斗的新时代青年,这是高校开展课程思政建设的目标。

一、教学改革设计

"力学与实践"课程讲述和讨论力学学科相关理论以及在国防、工业等应用。课程在教学中构建多层次的内容,并将党的二十大会议内容和精神融入专业知识的讲述中,带领硕士研究生和博士研究生了解力学的前沿动态和当前国家战略需求、行业应用背景;重点关注力学及其交叉学科或重大技术专题的研究现状和挑战;掌握力学理论和方法在工程技术中的应用。

将党的二十大精神融入课程,发挥课程承载的思想政治教育功能,教师在传授力学理论、专业知识和研究方法的同时,带领学生深入学习习近平新时代中国特色社会主义思想的世界观和方法论,坚定研究生理想信念,汇聚学习教育的内驱动力,提升学生力学素养,促进学生全面发展。

二、单元教学目标及重点难点

课程单元"力学与国防科学技术发展"是课程"力学与实践"的专题之一。

课程介绍新时代十年来我国在经济、政治、文化、社会、生态等领域取得的成就,讨论我国在国家安全、军队建设领域取得的丰硕成果,使得学生能够更加深入了解我国新时代十年的伟大变革,进一步增强爱国主义情感,敢于担当,努力奋进。

单元内容中,除了力学学科涉及的国防武器装备和科学技术发展成果,还包括科技工作者及模范人物先进事迹,特别是上海大学师生的杰出贡献等,挖掘其中的爱国主义精神、奋斗精神、开拓创新精神等思政元素,增强学习教育中的使命感、责任感,并使之内化为学生的精神追求、外化为学生的自觉行动。

本单元采用课内教育与课外教育相结合、分析问题与解决实际问题相结合的方式,开展工程实例的交流讨论,提高学生对实际工程问题的抽象、简化能力,提升力学建模能力;学会把实际问题转化为力学问题的方法,从而提高学生对力学知识的逻辑思维能力和综合应用能力。

三、教学内容

党的二十大报告中,明确提出要坚持新时代中国特色社会主义思想的世界观和方法论,坚持好、运用好贯穿其中的立场观点方法,主要包括"必须坚持人民至上""必须坚持自信自立""必须坚持守正创新""必须坚持问题导向""必须坚持系统观念""必须坚持胸怀天下"。"力学与实践"在课程教学中将习近平新时代中国特色社会主义思想的世界观和方法论贯穿课程思政教育教学改革中。

我国国防工业是在"一穷二白"的基础上建立和发展起来,经历了四个发展阶段,即计划经济时期的探索创建、自主发展阶段、市场经济时期改革转型、调整完善阶段。我国综合国力显著增强,人民生活明显改善,国际地位日益提高,国家安全也获得了有力保障。武器装备是军队现代化的重要标志,是国家安全和民族复兴的重要支撑。面对信息化战争、智能化战争军事需求和国家创新驱动,武器装备在新形势下向体系化、全域化、信息化、网络化、一体化、智能化、精确化、隐身化、无人化、集群化发展。

力学在武器装备和国防科技的发展发挥重要作用,并发展出爆炸力学的学科分支。爆炸力学是研究爆炸的发生和发展规律以及爆炸的力学效应的利用和防护的学科,是力学的交叉领域。它从力学角度研究化学爆炸、核爆炸、点爆炸、粒子束爆炸(也称辐射爆炸)、高速碰撞等能量突然释放或急剧转化的过程和由此产生的强冲击波(又称激波)、高速流动、大变形和破坏、抛掷等效应。爆炸力学涉及材料力学、结构动力学、流体力学、热力学等学科,为研究武器装备毁伤提供重要理论和手段。通过学习,学生不仅可了解常规武器弹药的威力、军事应用、炸药爆炸、冲击波毁伤效应等,而且可了解爆炸力学的相关理论。

同时,融合党的二十大总结的伟大成果,帮助学生了解社会主义建设事业的不易,深刻认识中国特色社会主义道路的不易,提升学生的爱国、爱党和爱中国特色社会主义的自觉与自信。主要内容涉及:中国四大发明火炸药;爆炸力学的基本理论;"做国家需要的科学家"——爆炸力学开拓者郑哲敏院士的科学人生和成果;开展钻地武器装备分析,讨论混凝土内爆炸的力学性质和毁伤破坏效应;开展工程伦理和武器装备发展的讨论(如图所示)。

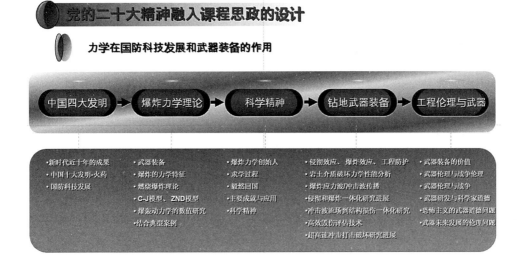

四、教 学 实 施

把党的二十大会议精神、新时代十年来我国在经济、政治、文化、社会、生态等领域取得的成就融入教学内容;着重讲述我国在国家安全、军队建设领域取得的丰硕成果,有利于帮助学生更加深入地了解我国新时代十年的伟大变革,进一步增强其爱国主义情感,培养他们敢于担当,努力奋进,为中国特色社会主义现代化建设贡献更多力量。

教学实施中,教师围绕课程思政的四要素,"把事讲清、把理讲明、把人讲活、把问题讲透"。在知识讲述过程中,教师提出发散思维问题,启发学生产生学习兴趣,引发学生思考和讨论,达到学术有广度、思考有深度、政治有高度。

(一)结合典型事例——某国轻型护卫舰"天安"号难以抵抗重型鱼雷攻击,把事讲清

2010年3月26日晚间,载着某国海军104人的天安号护卫舰,在白翎岛和大青岛之间巡逻时突然沉入海底,沉船导致46名舰上官兵死亡。5月20日,多国专家组成的军民跨国调查小组公布的报告指称护卫舰遭潜艇发射鱼雷击沉。"天安"号受鱼雷在水中爆炸时引发的冲击波和"泡沫喷射"效应影响,舰体折断沉没,爆炸位置在燃气涡轮室中央至左舷3米、水深6~9米处。该鱼雷的型号为CHT-02D,装有250千克高性能炸药。

(二)结合爆炸力学基本理论,把理讲明

1. 炸药爆炸的力学特征

在热力学意义上,炸药是一种相对不稳定系统。它在外界作用下能够发生高速的放热反应,同时形成强烈压缩状态的高压气体,在爆炸的附近形成爆炸冲击波,周围的建筑物及设施将遭到破坏或受到强烈的冲击。因此,炸药爆炸过程具有以下三个特征:一是反应过程的放热性;二是反应过程的高速性并能够自行传播;三是反应过程中生成大量的气体产物。这三个条件正是任何物质的化学反应成为爆炸反应所必备的,三者相互关联,缺一不可。

2. 武器装备的主要效能为"打得远、打得准、打得狠",提高这三项效能都离不开力学

力学家在提升武器装备的效能上作出重要贡献。在深侵彻战斗部研究中,通过对复杂介质与结构的高速侵彻规律、钝感高能炸药点火起爆安全性设计与控制等关键力学问题研究,构建了深侵彻战斗部设计的力学理论体系,解决了斜侵彻抗跳弹、深侵彻规律、装药安全性设计和爆炸毁伤效能等关键问题。同时,针对潜射武器所特有的力学问题,综合运用水动力学、超空泡力学、振动控制的研究手段,建立水中兵器仿真计算和实验研究平台,研究潜射武器装备动力学、复杂海况下高速航行体动力学等,为武器装备的关键技术攻关作出了重要贡献。

(三)把人讲活,树立榜样

我国爆炸力学的奠基人和开拓者之一、中国科学院院士、中国工程院院士、中国科学院力学研究所研究员郑哲敏,献身祖国力学事业已近60个年头。郑哲

敏科研生涯最早期主要从事热弹性力学和水弹性力学的研究,曾根据国家的需要从事地震响应、水轮机叶型等方面的研究工作。后来因为国家科研布局调整,郑哲敏选择高速高压塑性动力学研究方向,并于很短时间内在爆炸成形方面取得完整、深入的研究成果,从而拉开了爆炸力学研究的序幕。随后,他开展爆炸成形的机理和模型律研究,与合作者一起提出了流体弹塑性模型,带领团队先后解决了穿甲和破甲相似律等一系列问题,荣获2012年度国家科学技术奖。

(四)结合流体力学和固体力学的专业知识,把内爆炸破坏的力学问题讲透

在流体力学中,关注的问题主要有界面流体动力学、剪切流的不稳定性、湍流等。由于固体的特征具有强度效应,能抵抗变形,因此,在固体力学研究范畴内,要关注结构中应力波效应、应力状态、本构关系、损伤与破坏等。高压冲击下的固体可以看成流体,这是因为高压下材料的剪切强度比冲击强度小很多,介质的特性具有流体变形的特性,可采用流体力学方程组描述。当冲击强度大大超过材料所能承受的最大剪应力时,材料内主应力分量之间的差比起它们的平均值要小得多,即剪应力远小于压力,忽略这种小剪应力对材料响应的影响,就是通常所谓的流体动力学近似。

材料的动态屈服强度 Y 与冲击载荷强度 P 之比。当 P/Y 的值在 $20 \sim 50$ 时,材料采用流体力学近似处理;当 P/Y 的值小于 20 时,材料按弹塑性固体处理。同时,对于内爆炸损伤效应的数值研究,基于炸药冲击起爆的点火增长模型和混凝土动力学损伤模型,采取无网格方法研究高聚物黏结炸药在混凝土介质中的破坏损伤效应,可以定量地确定混凝土损伤区域尺寸与炸药量、炸药初始埋深的多项式关系。

五、教 学 反 思

建设课程思政,贯穿"价值塑造""能力培养"和"知识传授"的"三位一体"的人才培养理念,旨在引导学生从中国共产党百年党史中汲取奋进力量,正确认识马克思主义为什么行、中国共产党为什么能、中国特色社会主义为什么好,形成正确的科学观和价值观,提升学生力学素养,成为社会主义事业的建设者和接班人。

  课程设计中以新时代十年国防科技和武器装备的发展为切入点,用经典故事、先进人物为榜样展开讲述。课程单元围绕爆炸力学相关理论和应用,它是研究爆炸的发生和发展规律以及爆炸的力学效应利用和防护的学科。中国在爆炸力学的建立和发展中,发挥了奠基性的作用,为我国国防建设和国民经济发展作出了卓越贡献。在重大需求和前沿科学探索的驱动下,爆炸力学的内涵不断丰富。同时,课程实施中要讲出思想高度、理论深度、实践力度,以介绍国防、国民建设的重大工程为主线,厚植家国观念,打造个人、家庭、国家一体的情感纽带;开展工程伦理与武器装备发展的讨论,培养学生辩证看待战争与和平的问题,提升科学、全面分析问题的能力。单元教学内容可增加实践环节,线上或者实地参观实验或者试验基地,从而构建有理论、有实践的课程体系。

智慧城市与低碳智能交通

姬杨蓓蓓

姬杨蓓蓓,上海大学管理学院教授、博士生导师。兼任生态城市交通工程管理研究中心常务副主任,上海市力学学会交通流及数据科学专业委员会委员,中国优选法统筹法与经济数学研究会服务科学与运作管理分会理事。主讲"智慧城市和低碳智能交通""数据分析与管理决策"课程。主持10余项国家自然科学基金、上海市科委重点项目,发表论文30余篇。主要研究领域:交通管理与优化、工程管理等。

课程名称:智慧城市与低碳智能交通
课程性质:通选课
课程学分:2
课程章节:4

一、课程融合目标

为坚守为党育人、为国育才的初心使命,根据管理学院人才培养要求,实现全面提高人才自主培养质量、着力造就拔尖创新人才、聚天下英才而用之的目标,本课程旨在培养适应国家现代化建设需要,掌握现代管理科学的理论及工程管理的方法和手段,具有国际视野、社会责任感和系统思维的专业人才(能力目标)。回顾解放战争时期,党在解放区领导人民开展大规模的铁路、公路、兵站建设,开展军事运输,保障了重大战略决战的胜利。立足中华民族千秋伟业,以史为鉴,让学生深刻理解建设现代化强国离不开智慧交通的建设。将党史学习教育与课程融合,以"交通"为脉络,培养学生既要有工程的系统思维方法,又要有现代化管理的专业技术(知识目标),但最核心的是要坚定中国特色社会主义道路自信、理论自信、制度自信、文化自信,将个人的价值与民族复兴相融合,培养青年学生自信自强、守正创新、踔厉奋发、勇毅前行的精神,为全面建设社会主义现代化国家、全面推进中华民族伟大复兴而奋斗(价值目标)。

二、案例设计

(一) 课堂导入

为使党史学习教育与课程内容的融合自然流畅,在学习内容上,课程首先发掘与交通运输系统、自动驾驶相关的重大历史事件和人物典型。例如在长津湖战役中,中国人民志愿军受到的首次突袭就是在重要军事、生活、电台物资的运输过程中,美方的轰炸机炸毁了铁路运输线,给中国人民志愿军带来了沉重的打击,由此可见交通运输系统的重要作用。其次在水门桥事件中,美方撤退的关键路径水门桥,虽然被中国人民志愿军不惜生命代价三次炸毁,但是由于工业的巨大差距,美方在快速修复后仍然顺利地撤出。这凸显了交通技术现代化对战争的重要作用。此外,为了保护战争中战士们宝贵的生命,自动驾驶技术早已运用在侦察和军事任务的执行中。中国共产党的历史既是一部社会发展史,也是一部科技进步史,以此为切入点实现党史学习教育与现代自动驾驶专业技术历史学习的融合。

(二）线上内容前测＋线下课堂互动

第一阶段，学生首先要下载线上的视频、文本、数据资源，还要结合关键词查找该专题的相关资料，了解该研究方向的基本研究背景，提升自学能力和对待新知识的批判性思维能力。第二阶段，在充分熟悉和了解党史案例和自动驾驶案例后，通过历史看现实，透过现象看本质，学生需要通过课堂教学和案例讨论的方式灵活掌握自动驾驶的发展历史、关键技术和应用场景，巧用党史学习教育呼应现代化应用面临的"卡脖子"问题和关键科学问题，并与课堂导入的党史学习教育案例相结合，培养学生的历史思维能力，帮助学生树立正确的人生观、价值观和党史观。第三阶段，突出对学生高阶思维能力的培养，学生根据前期的线下学习和课堂案例讨论，并结合教师给出的挑战性问题，提出具有独特视角的创新性观点并进行科学合理的对比，分析国内外自动驾驶发展的特点，培养学生的创新思维能力。第四阶段，学生分组讨论，确定以自动驾驶为主题的小规模主题研讨，培养学生的系统思维能力。

（三）创新式教学手段体现课程与党史学习教育相融合

课程采用四种学习模式：课前自学、课堂教学和案例讨论、课堂研讨、核心知识点分析。支持创新教学手段的实施在于信息化教学环境、高水平师资和教学团队以及前期积累的重大科研项目的研究成果，全程体现了以学生为中心，教师作为启发者、资料提供者以及思路整理者的角色来陪伴学生完成四个环节的学习，具体过程如图所示。

党史学习教育与创新教学模式

三、以"交通行业碳排放背景和公路新材料"为例

(一) 回顾过去 50 年交通行业发展的历程

在 20 世纪 70—80 年代,马路上主要的通勤者是骑自行车的人,有少量货车、公共汽车和小汽车。到了 90 年代,马路上的行人和骑自行车出行者逐渐变少了,中间最宽敞空间让给了机动车,其中包括公共汽车、小汽车、货车和摩托车,交通出行模式发生了根本性的改变。到了 21 世纪,小汽车更是实现了规模化的发展,伴随着道路设施的进一步升级,我国建成了世界最大的高速铁路网、高速公路网,此时小汽车带来的环境污染已经不容小觑了。习近平总书记在党的二十大报告中指出,到 2035 年,我国要广泛形成绿色生产生活方式,碳排放达峰后稳中有降,生态环境根本好转,美丽中国目标要基本实现,要加强城市基础设施建设,打造宜居、韧性、智慧城市。因此,未来的交通出行模式将更多地倡导低碳、环保、公共出行。

(二) 回顾碳排放的国家战略目标关键时间点

党的十八大提出生态文明建设三个标志性特征:绿色发展、循环发展、低碳发展。《强化应对气候变化行动》明确提出 2030 年实现碳达峰。"十三五"规划提出深化各类低碳试点,实施近零碳排放示范工程,并明确到 2020 年建设 60 个示范项目。2020 年 9 月 22 日,习近平总书记在第 75 届联合国大会上宣布,中国努力争取在 2060 年前实现碳中和。2022 年 10 月 16 日,习近平总书记在党的二十大报告中进一步明确提出,实现碳达峰碳中和是一场广泛而深刻的经济社会系统性变革,推动经济社会发展绿色化、低碳化是实现高质量发展的关键环节,要实现交通等领域清洁低碳转型,加快推动能源结构、交通运输结构等调整优化,并且指出人与自然是生命共同体,坚持可持续发展,坚持节约优先、保护优先、自然恢复为主的方针。

(三) 交通对全球变暖有重要的"贡献"

城市化是交通碳排放增加的重要原因之一。从世界范围内能源的消耗和排放的数据来看,交通能源的消耗占总能源消耗的 28%,位居第二。从排放来看,

交通行业的总排放占 23%，同样位居第二。进一步看，中国交通运输碳排放占了中国整体碳排放的 9.7%，仍明显低于世界交通碳排放占比 23% 的水平。但是 1990—2018 年中国交通碳排放复合增速达 8.3%，明显高于全世界交通碳排放 2.1% 的增速及中国整体碳排放 5.6% 的增速。随着人均 GDP 的增长，交通运输的需求仍会持续增长，中国交通系统的碳排放上行压力较大。从 2018 年中国交通运输碳排放结构来看，在交通碳排放中，公路货运、公路客运、铁路、航空和航运总的碳排放占比达到 83.4%。因此，未来公路运输将是碳减排工作的重点。

城市公路的全生命周期，是一个漫长的系统性过程，涉及原材料开采、原材料运输、沥青拌合站生产、沥青混合料运输、施工现场摊铺、道路通车运营、养护与大修、道路报废以及再次以 RAP 形式进行新的利用。公里建设产生一系列的环境排放，例如沥青烟、粉尘颗粒物、化学有害物质、施工噪声，这些都会给摊铺工人及周围居民造成潜在健康风险。

习近平总书记在党的二十大报告中指出要推动战略性新兴产业融合集群发展，构建新一代新能源、新材料、高端装备、绿色环保等一批新的增长引擎。课程结合以上主题，给学生介绍一些低碳的材料技术以减少环境负面影响是很有必要的。例如雨天路面的积水较多，路面湿滑，产生交通安全隐患。新的双层排水路面材料可以快速排水、减少交通事故，还能吸收部分交通噪声，减少交通噪声反射。温拌沥青混合料是一种节能、环保的路面新材料，它的生产施工温度介于热拌沥青混合料和冷拌沥青混合料之间，与热拌沥青混合料相比可降低 30℃，而不影响沥青混合料的性能，大大降低了给施工工人和施工区域周边市民带来的环境污染，具有明显的经济社会效益和环保作用。由于建筑和道路等都是高蓄热体，会造成城市的高温化，而低吸热路面材料可以抑制热量储存、降低路面温度，从而缓解城市热岛效应。净味沥青路面材料可通过分子间的化学反应阻止气体和颗粒物向空气逃逸，从源头阻止硫氧化物、氮氧化物等有害物质的释放和扩散，从而达到减少公路交通碳排放的目的。

诗歌朗诵与欣赏

周 梅

周梅,上海大学国际教育学院教师,国家级普通话测试员,上海大学普通话测前培训师。主讲"诗歌朗诵与欣赏""普通话语音与普通话基础"课程,主持上海大学2022年党史学习教育与课程相融合示范课程建设项目。曾获第四届中华经典诵写讲大赛优秀指导教师奖,上海市"传播中国"国际中文中华经典教案大赛优秀奖。发表论文和专业文章10余篇。主要研究领域:汉语国际教育、普通话语音训练与测试。

课程名称:诗歌朗诵与欣赏

课程性质:专业选修课

课程学分:2

课程章节:第六讲 古体诗的朗诵与欣赏——以《悯农(其一)》为例

一、教 学 设 计

（一）教学对象

国际学生汉语言专业本科二年级。

（二）教学目标

1. 知识目标

了解诗人生平及创作背景，熟悉古体诗的文学形式，能用标准的普通话有感情地朗诵诗歌，提高语言文字水平和朗诵表演水平。

2. 能力目标

通过品读赏析诗歌，感悟思想感情与艺术特色，培养学生对经典诗歌的阅读和欣赏能力、分析能力和思辨能力。

3. 育人目标

（1）感知中华经典诗词的节奏感和韵律美，提高审美和人文素养，陶冶情操，滋养心灵。

（2）通过古今对比，展现可信、可爱、可敬的中国形象，培养知华友华的感情。

（三）教学重点

掌握古体诗的文学特征和朗诵技巧，品味诗歌简洁通俗的语言和真挚朴实的情感，了解中国封建社会农民的悲惨命运。

（四）教学难点

在作品赏析过程中设置探究性问题，引导学生对诗歌内容进行深入思考，进行古今对比，融入思政元素，展现可信、可爱、可敬的中国形象，培养学生知华友华的情感。

二、教学步骤

(一) 课前预习

(1) 在学习通平台观看名家朗诵视频《悯农(其一)》,进行跟读练习。

(2) 观看过程中找出不认识的字词并标注拼音,完成重点词语和拼音的搭配练习。

(二) 导入新课

采取以旧带新的方法,通过复习格律诗的结构特点,引出本讲内容——古体诗。

(三) 古体诗知识学习

(1) 古体诗的发展历程。

(2) 古体诗的文学特征。

(3) 古体诗的代表作品。

(4) 格律诗和古体诗的结构对比分析。

(四)《悯农(其一)》学习

1. 朗诵训练

(1) 带领学生给诗歌划分正确的音步,练习朗诵。教师领读,要求注意字音和停顿,读出古诗的韵味和节奏。

> 悯农(其一)
> 春种/一粒粟(sù),秋收/万颗子。
> 四海/无闲田,农夫/犹(yóu)饿死。

(2) 注意采取腹式发音模式,调动深层次气息,使声音更加响亮饱满。

(3) 通过学习通选人系统,随机选择学生进行朗诵展示,进行生生打分并对朗诵情况进行点评。

2. 作者和写作背景介绍

重点介绍诗人李绅的人生经历及诗歌创作时的社会现状,为学生理解诗歌作好铺垫。

3. 课堂讨论

(1) 请学生谈谈朗诵后对诗歌的初步理解。学生一般会提到作品和农业相关,教师由此介绍中国的农耕历史和农业文明史,引出中国历代诗歌创作的重要内容——农事主题,以及该主题体现的珍惜土地、关注民生疾苦的情怀。

(2) 请学生谈谈他们所了解的农民的生活状态。通过学生的介绍和讨论,可以了解不同时代和不同国家的农民生活状态,有助于学生打开思路,为分析诗歌内容和主题作准备。

4. 作品解析

(1) 解题:诗题中的"悯"是"同情"的意思,"悯农"就是同情农民。

(2) 提出问题:农民春种秋收,辛勤劳作,用双手创造财富,诗人却对他们报以深深的同情和怜悯,这到底是为什么?

(3) 字、句理解:

春种一粒粟,秋收万颗子。

粟:泛指谷类。子:粮食颗粒。

(春天播种下一粒种子,到了秋天就能收获许多粮食。)

四海无闲田,农夫犹饿死。

四海:四海之内的全国各地。闲田:空闲的没被耕种的农田。

犹:仍然。

(全国没有一块荒废不种的土地,可仍然有辛苦劳作的农夫因饥饿而死。)

5. 作品赏析

(1) 将"一粒"和"万颗"作对比。诗歌的前两句,通过"一粒"和"万颗"的鲜明对比,赞美了耕种的无穷力量。

(2) 理解"春种"和"秋收"的时空切换。"春种"和"秋收"的时空切换,展现了农民终年辛劳、一刻也不停歇的生活状态。春天,当农民在土地里种下一粒种子,也种下了对生活的希望,他们不厌其烦地为庄稼除草、施肥、浇水、捉虫,精心呵护,换来了秋天的累累硕果。此时此刻,农民心中充满了丰收的喜悦和对美好生活的向往。

(3) 体会前三句和第四句的感情基调变化。第三句展现出一幅四海之内良田遍布的金色画卷,描绘了秋收的繁荣景象。前三句层层递进,歌颂了劳动人民的巨大贡献,而第四句"农夫犹饿死",笔锋急转,感情基调从希望变为绝望、从喜悦转到悲哀,前后的强烈反差让人悲愤痛心,不由得去追问,为什么会发生这样的人间惨剧?

在赏析过程中,采取启发式提问,让学生一步一步地感受到作品字句的提炼和布局谋篇的精妙。

6. 探究与讨论

农民吃苦耐劳,辛勤耕作,获得了丰收,为什么会饿死?他们收获的粮食去了哪里?请学生结合社会背景进行探究和讨论。

农民用辛勤的汗水耕耘土地,憧憬丰收后的丰衣足食,而丰收的喜悦却很快就消失了。征税的官员一来,所有的劳动成果不得不变成赋税上交,创造丰收的人在丰收之后无粮可食,活活饿死。

到这里,在解题时提出的问题就找到了答案:农民创造财富,却没有支配财富的权力,不公平的社会制度是造成这场惨剧的根源。

7. 作品小结

(1) 音节方面:这首诗的音节流利明快,朗朗上口。

(2) 文字与情感方面:文字通俗简洁,生动形象;情感真挚朴实,容易引起读者共鸣。

(3) 表现手法方面:采用相互对比、层层递进的方法,给人以鲜明强烈的印象,而且发人深省,将问题留给读者自己去思考并得出自己的结论,比直接把诗人的观点告诉读者要深刻得多。

8. 古今对比

(1) 请学生谈谈读完这首诗的感想。

(2) 进一步介绍中国农民现在的生活。新中国成立以后,中国共产党带领人民持续向贫困宣战。在党和人民的不懈努力下,中国几千年都没解决的温饱问题基本得到解决,老百姓能吃饱饭了,这对一个拥有 14 亿人口的大国而言是非常了不起的成就。为全面提高人民的生活水平,党的十八大以来,中国全面打响了"脱贫攻坚战",到 2020 年底,中国彻底摆脱绝对贫困,结束了几千年以来人民绝对贫困的困境,创造了人类减贫史上的伟大奇迹。

(3) 播放视频:《我在中国当大使》(节选),时长 1 分 30 秒,听一听各国大使对中国打赢脱贫攻坚战的评价。

9. 中外联结

无论古今中外,消除贫困都是一项非常艰巨的任务。中国共产党不仅勇敢地担起了这份责任,还积极推广国际减贫合作,为世界减贫事业贡献中国智慧、中国方案、中国力量。举例如下:

(1) 杂交水稻技术。

(2) 菌草技术。

10. 总结与展望

这首古诗所反映的"悯农伤农"的时代已经一去不复返了。未来的日子里,中国人民将在中国共产党的带领下,艰苦奋斗,同世界人民携手开创人类更加美好的未来。

(五)作业布置

1. 朗读练习

熟读作品后,在学习通平台上传朗诵音频,完成师生一对一点评和生生互评。

2. 延伸任务

课后自学《悯农》组诗中的第二首,思考诗歌的主题思想,将其介绍给家人或朋友,下次上课通过学习通选人系统抽取学生作分享。

三、教 学 思 考

(一)怎样夯实学生语音和朗诵的基础?

充分发挥学习通平台和多媒体视频的作用,为学生打造沉浸式诗歌听读练习模式。课前选取配套的朗诵示范视频,布置跟练任务,体会诗词的节奏和韵律,课中结合朗诵作品进行理解和探讨,课后布置任务,学生结合自己的理解朗诵作品,教师组织一对一点评或生生互评,完成输入—理解—创造性输出的朗诵训练过程。

(二)怎样提高学生的诗歌鉴赏水平?

一篇作品,能分析的要素很多,教师对学习内容精挑细选,有所取舍,根据国际学生的知识体系,讲授他们最需要也最能接受的知识。在选篇过程中,既要体现专业高度和价值引领,又要兼顾学生的汉语水平,不能过多地讲授专业术语,要根据语言难度将理论知识和欣赏作品融入课程,更多关注内容理解和感情提炼。

(三) 怎样实现思政和育人元素的自然融入?

教师用心选取有代表性的诗人和诗作,并从中发掘国际学生关注的人物或事件,回应和探讨学生关注的问题,向学生展现可信、可爱、可敬的中国形象,讲好中国故事,培养知华友华的感情,成功实现互动式跨文化交际。

教学过程中要注意知识讲解和思政融入的时间比例。在理解当代国情模块,从央视主流媒体下载资源,用生动鲜活的素材让学习内容与时俱进。

在国际学生的诗歌朗诵课程教学过程中,教师要注重相关的理论学习,不断提升自我,对课程的知识点精耕细作,充分把握知识点的历史维度和温度,使育人元素自然呈现。

财务管理

马嘉萌

马嘉萌,上海大学管理学院副教授、硕士生导师。入选中国科协智库青年人才计划、上海市浦江人才计划。管理学院财务管理学科组核心成员。主讲"财务管理""内部控制与风险管理"课程,"财务管理"课程获评上海市一流课程,参与《财务管理》教材编写。主持或参与多项国家级、省部级课题。曾获上海大学人文社科科研贡献奖等。主要研究领域:财务管理、公司治理。

课程名称:财务管理

课程性质:专业必修课

课程学分:4

课程章节:第五章第二节"债券定价与计算"

一、课前预习

党的二十大报告中提到要推动绿色发展,促进人与自然和谐共生。尊重自然、顺应自然、保护自然,是全面建设社会主义现代化国家的内在要求。课前预习作业中,教师以绿色债券这一特殊的债券向学生展示财务管理如何推进美丽中国建设——统筹产业结构调整、污染治理、生态保护、应对气候变化,协同推进降碳、减污、扩绿、增长。课前作业有两个要求:一是学生自学"绿色债券"的概念,二是学生任选一只绿色债券,介绍其发行公司、相关项目、发行量、票面利率、某段时期内的价格等相关信息。

二、课堂讲解

(一) 关于债券价格

课堂上教师先向学生介绍本节课的核心概念——债券价格、票面利率、溢价折价发行等相关概念,以及债券价格的决定因素。债券价格是债券交易时由买家和卖家共同决定的价格。影响债券价格的因素包括债券所支持项目的特定因素、发债主体的特定因素和市场宏观因素。

(二) 关于绿色债券价格分析

教师邀请学生分享作业中"绿色债券"的概念并引导学生了解其价格受债券资金所支持项目的特定决定因素。通过课前作业,学生已经了解"绿色债券"是指将所得资金专门用于资助符合规定条件的绿色项目或为这些项目进行再融资的债券工具。结合相关知识点,学生能够识别绿色债券和一般债券的不同在于资金用途的特殊性,即债券所支持的项目这一特定因素与一般债券有区别。

教师邀请学生在共享文档上分享所选绿色债券的发行公司、相关项目、发行量、票面利率、债券价格,请大家一起发现绿色债券价格的规律。经过讨论后,学生发现绿色债券价格最显著的特点是折价成交幅度高于溢价成交幅度,即债券价格小于票面价格的幅度可以达到－10%,但是债券价格高于票面价格的幅度仅1%。换句话说,绿色债券的价格较低。

教师询问学生在完成作业时有没有了解一些绿色债券的最新政策。有学生找到了2022年7月29日绿色债券标准委员会及相关机构发布的《中国绿色债券原则》(简称《原则》),明确提出绿色债券的四项核心要素及对绿色债券发行人和相关机构的基本要求,其中第一条指出要严格限制募集资金用途。

教师指出,新政策的出台背后有经济学根据,其原理是2000年诺贝尔经济学奖获得者Akerlof的信息不对称理论。如果任何产品的卖方对产品的质量拥有比买方更多的信息,那么买方仅愿意出较低的价格购买产品。在绿色债券产品中,买方不能确定债券发行人作为卖方是否真的将资金用于环保项目,因此绿色债券价格较低。新政策希望对资金用途提出要求,减少买方在心理上的不确定性,以期提升债券价格。

(三) 关于扶贫债券价格分析

教师给学生介绍另一类债券:扶贫债券,其价格由发债主体的特定因素决定。中国式现代化是全体人民共同富裕的现代化,共同富裕是中国特色社会主义的本质要求,也是一个长期的历史过程。扶贫是国家级的战略,金融扶贫中针对扶贫的债券发行规模将处于持续增长状态。扶贫债通常指募集资金主要投向精准扶贫项目的债券,或是注册地在贫困地区(国家扶贫开发工作重点县、集中连片特困地区或深度贫困地区)的企业发行的债券,用于帮助贫困地区发展产业,实现可持续发展。"授之以鱼不如授之以渔。"授之以渔,不是直接发放现金,只有发展产业才能从根本上解决问题。扶贫专项债券不是用来给贫困群体发扶贫款、购买贫困福利,而是用来发展农村经济、购买生产的基础设施。扶贫债券是精准扶贫的重要抓手,因此各家券商在金融扶贫领域相继推出适合当地的创新产品和模式。

教师给学生提供一些扶贫债券的示例:

2018年上半年云南省首单扶贫债券成功发行,发行金额10亿元,期限1年,发行利率4.98%。创造了2018年以来全市场同期限AAA级别地方国企债券的最低发行利率,债券价格高于普通债券。

2021年上半年新疆阿克苏地区2021年首批扶贫债券成功发行,发行金额5

亿元,债券发行期限 10 年,利率 3.39%。地区财政按照"资金跟着项目走"原则,将 5 亿元扶贫债券资金及时下达相关县(市)。它们分别为:阿克苏市 6 000 万元、库车市 6 000 万元、拜城县 6 000 万元、新和县 6 000 万元、沙雅县 6 000 万元、温宿县 6 000 万元、乌什县 6 000 万元、阿瓦提县 8 000 万元,主要用于农村公路、道路、高标准农田、防渗渠、中小河流治理、易地搬迁周边基础设施等 19 个巩固拓展脱贫攻坚成果同乡村振兴有效衔接的民生项目。

提问:为什么扶贫债券的发行利率低于同类型其他债券,价格高于同类型其他债券呢?

讨论中引导学生从发债主体的特点寻找答案。发债主体有政府背书,债券的募集资金主要由地方政府用于精准扶贫项目建设、偿还精准扶贫项目借款或者补充精准扶贫项目的营运资金等用途,发行人发行扶贫票据会获得专项标识。因此债券风险低、价格高。

(四) 关于资本市场的功能介绍

通过将绿色债券和扶贫债券进行对比,教师为学生介绍资本市场的功能。从前面的课堂讨论中学生发现,绿色债券价格低于一般债券,扶贫债券价格高于一般债券,可见同在资本市场上各类债券价格存在较大差异。

提问:为什么资本市场上的债券价格不同呢?

从经济学理论来看,2013 年诺贝尔经济学奖获得者 Eugene F. Fama 用有效市场假说解释了资本市场上产品价格的不同。狭义上的资本市场是法律健全、功能良好、透明度高、竞争充分的证券市场,市场上集合了债券发行者的相关信息(如还款能力等)。一切有价值的信息及时、准确、充分地通过债券价格反映债券的价值,因此不同债券的价格不同。

党的二十大报告中提出要加快构建新发展格局,着力推动高质量发展。高质量发展是全面建设社会主义现代化国家的首要任务。无论是环保项目还是精准扶贫,都有赖于资金支持,因此,健全资本市场功能、提高直接融资比重(如债券融资)很重要。资本市场的定价功能(确定债券价格)在推动高质量发展中发挥重要作用。债券价格高低引导资金资源的分配,为相关领域发展提供资金支持。对每个项目的债券给予准确的定价能真实反映项目的经济价值和社会价值,为国家发展提供制度基础。

三、课后研究报告

课后报告要求学生围绕资本市场如何推动国家高质量发展作进一步思考。学生可选择一个科创板上市公司分析科创板的上市要求为何与主板有所不同,其意义何在。该作业也是第五章"有价证券定价"第三节"股票估值"的课前作业。

党的二十大报告中指出,要加快推进科技自立自强。我国全社会研发经费居世界第二位,研发人员总量居世界首位。基础研究和原始创新要不断加强,一些关键核心技术要实现突破,战略性新兴产业要发展壮大。科创板主要服务于符合国家战略、突破关键核心技术、市场认可度高的科技创新企业,基于此,科创板企业应面向世界科技前沿,面向经济主战场,面向国家重大需求。通过了解科创板上市规则对于利润的要求低于主板上市规则、对于科技属性的要求高于主板上市规则,学生能更深刻认识到公司寻求上市的初心和使命。

四、课程思考

(1) 教师发现当前的课程设计很好地向学生介绍了党的二十大精神与财务管理工作的相关性。学生上课后感到党的创新理论不是高高在上的,需要青年学生承担起国家责任,通过所学专业践行党的二十大精神。通过绿色债券和扶贫债券的实际案例,学生更能体会中国共产党的执政理念和党对人民的初心和使命。

(2) 课程让学生明白国家的很多政策和治国理念与经济学理论是相统一的,学生可以在现实生活中找到经济学理论的具体应用场景。从学科研究角度,财务管理理论与经济学是一脉相承的。这也是为什么财务管理的知识点可以用诺贝尔经济学获奖者的研究成果来解释的原因。

(3) 教师的教学设计还存在有待改进之处。下一阶段将不仅仅借鉴西方的研究成果和理论,更要引入中国资本市场的研究成果帮助学生熟悉中国的公司在融资方面的特色和优势。

正如党的二十大报告中指出的,实践没有止境,理论创新也没有止境。作为教师应不断学习与理解马克思主义中国化时代化新篇章,推进实践基础上的理论创新,将新时代中国特色社会主义思想的世界观和方法论教给学生,坚持好、运用好贯穿其中的立场观点方法。

课程设计思路

知识点一	证券价格的决定因素:债券的资金用途	证券价格的决定因素:债券的发行方特点
案例	绿色债券	扶贫债券
党的二十大精神	绿色发展	共同富裕
理论	信息不对称理论	
知识点二	资本市场的功能	
案例	绿色债券价格较低	扶贫债券价格较高
理论	有效市场假说	
党的二十大精神	高质量发展	
知识点三(预习)	证券价格的决定因素:宏观因素	
案例	党组织治理	
党的二十大精神	国家治理体系和治理能力现代化水平	

大学英语 B2

胡 琳

胡琳,上海大学继续教育学院讲师。主讲"大学英语 B1""大学英语 B2"课程,曾获"外教社"杯全国高校外语教学大赛优胜奖,2022 年上海大学课程思政教学设计比赛(继续教育组)二等奖。发表论文和专业文章 6 余篇。主要研究领域:继续教育研究、中英文化对比研究。

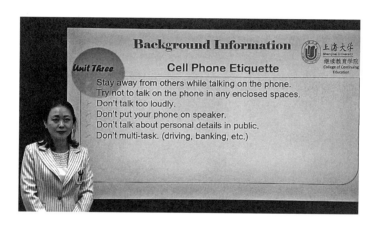

课程名称:大学英语 B2
课程性质:公共基础课(继续教育学院)
课程学分:6
课程章节:整门课程

一、课程介绍

"大学英语B2"是继续教育学院的一门公共基础课,6个学分60个学时,授课对象为上海大学继续教育(非英语专业)专升本一年级学生。从2017年开始,经过五年的课程思政教学实践,团队修订了培养方案、课程教学大纲,充分梳理课程所蕴含的思想政治教育元素,将其融入课堂教学各环节,编制一体化的授课教案和教学文档,确立了线上+线下、直播+录播、云会议讲堂+云资料库、校园公用平台+教师个性传授等新型教学模式,加强过程化考核,提倡师生论坛的形式,优先选用国家级规划教材。针对继续教育学生的学情,思政课程团队不仅要培养学生的英语实际应用能力,还要强调学生就业和创业的素质准备和价值导向,遵从"服务学习型城市,做终身教育的领跑者"。课程将课程思政与职业发展紧密结合,将课程思政与学生心理健康教育相融合,确立了"价值引领"的自我管理评价,三者构成了本课程的特色。

二、教学理念

继续教育的学生有其特殊的学情:年龄跨度大,学生以已就业者为主,工学矛盾突出;求学目的多样化;学科基础参差不齐;专业选择有局限性。他们学习以知识输入为主,主要利用碎片时间学习;倾向于以远程学习和泛知识学习为主。在求知领域里,他们关心与工作和专业相关的内容,关心行业/就业新政和导向的内容;关心国外意识形态对中国的侵扰;关注中西文化差异的具体事例;有强烈个性的心理倾向。

本课程在OBE教学理念的指导下,围绕培养目标,即培养学生的英语实际应用能力,特别是听说能力,同时增强其自主学习能力和终身学习能力,提高工作效率,增强学生的文化自信、涵育文化人格。课程目标不仅是知识传授以及可能涉及的价值观或其他情感因素的塑造,还要强调学生就业和创业的素质准备,包括思想道德素质、能力培养、个性发展、身体健康和心理健康教育(图1)。

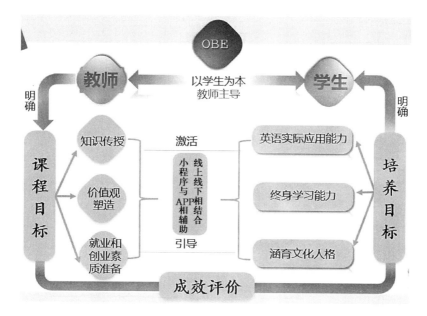

图1 "大学英语B2"课程思政中OBE教学理念的应用

课程通过mini任务教学法,结合互联网+慕课/微课/微信,构建文化语境教学模式。灵活运用App工具,线上线下相结合,采用小程序与App相辅助的教学模式,强调应用、理解、分析,学生线下的工作生活体验与教师线上的理论导入相结合,实现双轨趋同,做到理论联系实际。

三、教学过程

通过内容重构,开展阶梯式教学过程。本课程共10个单元,分成4个主题:西方近代商业(比尔·盖茨与科技、日美工业的兴起与衰落、麦当劳全球占领计划)、信息技术(网上购车、黑客曝光信用卡数据)、中西文化交流(澳门妈祖、跨文化环境中的工作)、绿色世界(死寂的森林、峨眉山、绿色能源)。

教学中,首先确定内容框架,在同一主题下,确定教学内容的四个层次,由浅入深,层层递进,从学生的听说读写译技能,到学生多元文化理解和分析能力,再运用思政导入,培养学生文化人格,最终教育学生践行价值观,服务社会。采用的教学方法主要有任务型教学、交互式教学和反应式教学。首先对教学期待进行分析,在课程真正开始之前,让学生课前预习,将心得反映给老师,接下来,教师再进行教学目标与教学手段的设计,提高课堂效率(图2)。

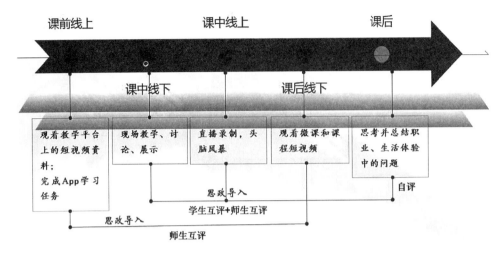

图 2 "大学英语 B2"课程教学过程

四、教学评价

(一) 评价教师在课程思政中的成就感

从"传授专业知识"和"与学生达到情感趋同"进行评价和考查。教师以同一主题为中心,设计文化模块,培养学生的语言理解和分析能力。同时,教师要践行立德树人根本任务,以德为先,注重培育学生强烈的家国情怀与社会责任感,情感维度上促进价值塑造与能力提升融通,提升课堂教学质量。

(二) 评价学生在课程思政中的获得感

从"学习到知识"和"感受到历史"进行评价和考查。学生学习的内容,不仅包括听说读写译的专业知识,还包括相关的改革开放史、社会主义发展史等内容。学习中注意帮助学生树立专业自信、职业自信,同时增强理论自信、文化自信和制度自信,保持理性维度的一致性。对继续教育的学生来说,可以在课堂外的实践维度上进行行动展现,学以致用,在实际工作中体验,用习近平新时代中国特色社会主义思想武装大脑,坚定社会主义核心价值观,在实现中国梦的道路上自强不息、砥砺前行。

(三)评价课程思政的现实有效性

考察继续教育的学生在就业期间有无职业失范、是否坚持正确价值观、积极工作的持续性动力是否充足等,有效整合更多深度数据评价课程思政的有效性。

五、课程特色

"大学英语 B2"强调知识传授;以实用性、应用型内容为主,以微课和短视频为主,提供优质数字化教育内容,其中语音质量优于画面;着力培养学生持续学习的能力,不断提升其个人技能,借助"互联网+"技术,使学习突破时空限制,更趋个性化、灵活化。在探索思政融入课程教学时,教师必须注意以下几个方面:

(一)课程思政与职业发展紧密结合

在挖掘思政元素时,特别注意与职业发展指导的结合,在就业、再就业、创业上培养学生强烈的社会责任感,引导学生将自身的职业与国家需要和人民的期望紧密结合起来,让学生在平凡的岗位上践行自己的爱国情、强国志。

(二)课程思政与学生心理健康教育相融合

在课程思政建设中注重继续教育学生情绪管理、人际交往、婚姻管理和生育观念等方面的引导,促进社会和谐稳定。

(三)确立了"价值引领"的自我管理评价

"大学英语 B2"课程思政建设内容与中西方价值观、审美鉴赏能力、中国传统文化密切关联,教师引导学生在工作、学习、生活中培养自尊、自信、接纳自我和自我反思的能力,并在实践中验证总结。

六、思考与启示

"大学英语"是继续教育学生必修的一门公共基础课。课程传授文化和意识形态，是进行课程思政建设的最佳切入口，为此，需进一步优化"大学英语 B2"课程思政建设，并推广至继续教育"大学英语"的课程思政建设。

（一）强化组织领导，提升专业教师的政治素养

依托学校课程思政教学研究中心，成立学院课程思政教学研究中心，统筹推进课程思政教学实践和研究。鼓励专业教师参加课程思政建设培训班，参与校际间、院系间的讲座、交流、考察，参加研讨交流会、报告会，充分借鉴和吸收课程思政建设的经验优势。

（二）完善课程体系，创新思政融合机制

强化课程思政问题导向，结合课程实际与学生职场实际，不断创新教学方法、优化课程路径设计，着力挖掘坚定理想信念、厚植爱国主义情怀等方面的内生素材，着力提升审美素养、激发创造活力的内在素材。从学生职业发展规划、生活规划和当前热点事件出发，把握恰当、自然渗透的原则，让学生融入课堂，师生共情，催发继续教育学生良好的接受效果。

（三）拓展云教育，开发资源池

运用门户网络等媒体资源，加强学生大数据信息的保障，努力建成集教学、管理、学习、娱乐、分享、互动交流于一体的云整合资源池，让学校、教师、学生、家属等可以在同一个平台上根据权限完成不同的工作，实现各种资源相互展示和互动，按需交流，达成意向。

（四）科学设定评价维度

教学督导队伍对课程思政的教学效果进行专项评分，从教学工作层面对课程思政效果提供可靠评价。对继续教育学生在学习中、职场上、就业或创业过程中表现出来的情感、态度、价值观的变化，以及对学科价值的认知、对学科相关社会现象的分析判断能力等进行评价。

面对继续教育的学生，努力做到"四新一体一共情"，即时时关注理论新动态，积极学习教改新理念，努力探索教学新模式，充分更新知识新发展；以学生为本，尊重和理解他们，努力发掘他们的闪光点，鼓励他们勤于思考、敢于质疑，充分激发他们的创新创造意识。教师要在学生心中厚植爱国主义情怀，将对国家、

教育和学生的爱融为一体,在传授知识的过程中以情怀感召学生。在"共情"的指导下,一方面注重全面提高学生的英语实际应用能力,加强语言实践知识,使学生具备多次创业和就业的潜在素质、创新精神和良好的语言修养;另一方面,要注重中外文化对比,增强文化自信,培养学生的社会责任感和鲜明的时代特点,立志服务市民,服务学习型城市的建设。

教学思考类

专业设计

王 晨

王晨,上海大学继续学院副教授。继续教育学院视觉传达设计专业主任,上海市总工会纳米成像银版艺术大师工作室负责人,英国 Martin Parr Foundation 摄影协会常务理事,英国 studio-of-light 工作室首席艺术家,中国三彩艺术博物馆学术顾问。主讲"专业设计""形态构成"等课程。担任上海大学党史学习教育与课程相融合示范课程建设项目负责人。著有《广告设计》《商业摄影》等教材。作品曾获国家艺术基金 2019 年度传播交流——"洛阳三彩艺术作品巡展"优秀作品奖。著有《民国时期上海摄影团体研究》《古典画意摄影艺术史论》等专著。发表《上海大学古典银版摄影作品选登》《谈如何根据国际经验,建立我国特色的继续教育质量保障体系》等论文十余篇。主要研究领域:红色资源在视觉艺术中的应用与融合、摄影、VI 设计、中外艺术史交流等。

课程名称:专业设计
课程性质:专业选修课(继续教育学院)
课程学分:8
课程章节:整门课程

四化四进，入脑入心
党的二十大精神融入"专业设计"教学设计与思考

"专业设计"是视觉传达设计专业由基础课向专业课过渡的一门课程，旨在培养学生的平面设计能力和创意思维训练，是继续教育学院艺术设计专业学生从事广告设计工作的必学课程。在西方价值观冲击、复杂的社会环境、日新月异的时代发展的背景下，视觉传达专业学生所秉持的价值取向显得尤为重要。以党的二十大精神为指引，切实推动"课程"与"思政"相生相长，课程实施了"四化"（场景化、社会化、深度化、个性化）和"四进"（口进、手进、情进、心进）多模态教学为核心的课程思政策略。"四化"为课程思政教学资源建设和活动设计提供了指南，"四进"为学生的内在心理演进和提升过程构建了路径。多模态保证路径达成目标的体验、体悟与体现，把党的二十大精神有机融合进课程内容，实现了教学模式革新、思政资源开发和教学评价改进。通过以上改革，课程取得了良好效果，可为党的二十大精神引领融汇其他课程提供参照。

一、党的二十大精神对"专业设计"的引领与阐发

（一）增强对党初心使命的了解认同，彰显设计中的"国之大者"

认知的改变能够带来态度的改变。党的二十大报告既是对过去历史的高度凝练，也是对国家未来发展的擘画，贯穿始终的初心使命、"国之大者"是其核心要义。

以"红色经典电影周海报设计"为例，该设计方案通过引导学生观看红色经典电影，留驻影片中党员先锋模范形象，凝练影片中党员先锋模范精神，体悟对"国之大者"的直觉认知，进而通过设计笔触，体现对党的初心使命的内心认同。学生在观看电影过程中可以找到更多的设计灵感与创作激情，并由他及己、由形象而精神进行个性体悟的铺陈，呈现出较强感染力和设计水平，更在内心深处历练了专业的认同感和责任感。

再以参观上海大学校史馆为例,结合榜样人物钱伟长校长,体悟他的家国情怀、奉献精神,为中华民族伟大复兴的奋斗精神。该案例增强了展示设计教学中的榜样力量和人民情怀,更丰富了学生的自我感悟,增强了学生的集体认同。

由此,课程教学与党的二十大精神紧紧融合,教学内容、阅读材料、资源拓展得到了及时的衔接与更新,引领学生在同频共振中,对根本思想遵循的知、信、行的贯通与统一。

(二)明晰对时代使命的责任担当,强化设计中的"学用方向"

意义蕴含于解决现实问题的方向中。党的二十大精神为学生擘画了国家和社会的发展蓝图,也指明了学生报效国家、体现价值的方向,是导航学生专业设计的"灯塔"。例如,在参观上海毛泽东旧居陈列馆现场教学活动中,学生围绕着毛泽东带领人民创建新中国和党的二十大中提到的"党立志于中华民族千秋伟业"展开了现场讨论,由着眼家国需要而及个人发展设计,由个人成才话题而聚国家振兴命题,教学现场气氛活跃,学生学习体验效果良好。经过教师的"点睛"指导,学生在设计上海毛泽东旧居陈列馆的文创产品时,不约而同地从个性视角富有创造力地诠释了"坚持和发展马克思主义,必须同中华优秀传统文化相结合",在作品设计中自觉融入了建党精神、红色元素和海派文化,设计作品得到合作单位的高度认可。部分学生还因其突出表现被媒体设计企业高薪聘请,实现了"好专业、好设计、好服务、好就业"的良性循环,不仅促成了学生对时代使命的知责、明责、强责,也有效提升了专业学习与时代需要的学用适配度和方向契合度。

(三)筑牢对创新价值的自励自信,拓宽设计中的"传递视野"

创新价值的凸显离不开愈发稳固的基础、愈加广泛的传递。党的二十大报告中,新发展理念、新发展格局涵盖了制造业、教育、科技、医疗等众多领域,提示了文化自信自强、提高人民生活品质、推动绿色发展等众多关键词。所有这些,为海报设计、网页设计、展示设计等的价值诠释、理念传递、创造设计提供了极为丰富且创新实践的选题空间。如在上海宝山药谷制药海报设计过程中,结合党的二十大报告"促进中医药传承创新发展"的命题,凝练了"中医药传承创新"的设计主题,并把该主题延伸到网页设计、展示设计等多个方向,打开了学生的选题视野和设计路径。再如在上海民间美术插图设计过程中,融入党的二十大报告中"必须坚定历史自信、文化自信,坚持古为今用、推陈出新"的内容,学生运用点线面构成设计方法,结合上海金山传统农民画中的色彩元素,大胆创新,设计出了"古韵今颜"系列作品,令人耳目一新。类似案例对继续教育学院艺术设计专业学生而言,不仅有助于增强学生自觉应用民族文化进行再创新、再创作的主动意识,更在潜移默化中稳固及提升了学生的文化自信与实践自励,助推了学生实践创新的视野拓展与能力提升,为学生职业生涯的发展提升筑牢了基础。

二、党的二十大精神与"专业设计"课程的融合思考

"专业设计"主要包括视觉识别(VI)、展示设计、海报设计等各个设计方向的技能式教学,具有学时多、战线长、覆盖面广等课程特点。

(一) 融入党的二十大精神,模块式"定制"思政主题(表1)

表1 "专业设计"与党的二十大的融合点

课程知识点	党的二十大报告	融合点	价值
理念识别(MI)	推进党的二十大报告中的新观点、新提法进课堂	强化现代化人才建设,家国情怀融入理念识别(MI),着力思政入脑入心	培养精通专业知识、有敬业精神的设计人才
视觉识别(VI)	弘扬伟大建党精神	中国共产党先锋模范视觉形象传播	提升学生的学习能力、技术能力和理想信念
展示设计	新时代十年的伟大变革	展示红色资源并进行视觉分析和视觉心理研究	激励学生知史爱党、知史爱国
海报设计	感悟"中华优秀传统文化源远流长、博大精深,是中华文明的智慧结晶",推进文化自信自强	将中华优秀传统文化元素融入红色文创产品设计	家国情怀、文化自信,实现"润物无声"的育人成效
插图设计	强国必先强教	融入大众媒体、网页设计等	对专业的认同感和责任感、价值塑造
网站设计	新时代新征程中国共产党的使命任务、高举中国特色社会主义伟大旗帜	将理念精神渗透扩展到学生头脑的每一个角落	设计出优秀的学生作品

（二）践悟党的二十大精神，个性化"表达"学生作品（表2）

表2　学生作品与党的二十大内容的融合点

设计作品	作品主题	与党的二十大的融合
王同学的网页设计	上海宝山药谷中药制药海报设计	促进中医药传承创新发展
夏同学的插图设计	上海金山农民画迎春	坚定文化自信，坚持古为今用、推陈出新
李同学的展示设计	上海大学校史馆文创设计	实现中华民族伟大复兴的中国梦，以中国式现代化推进中华民族伟大复兴
周同学的展示设计	红色经典电影周海报设计	弘扬伟大建党精神

三、党的二十大精神融入"专业设计"的课程策略

在教学过程中，教师更多地认识到，仅仅靠简单的说教是难以达成思政目标的。学生从态度转变、内心认同、价值形成，进而提升为坚定坚持，决然不是"瞬移"，而是一个多维多位、渐次演进、反复而螺旋递进的复杂且又能动的过程。基于此，本课程坚持以"学生态度的主动转变和价值观的自我得出为'关节'"，切实推动"课程"与"思政"相生相长，创新性地提出了"四化"和"四进"为核心特征的课程思政建设策略。

（一）四化：为外部的资源建设和活动设计提供指南（表3）

1. 场景化

越是具体的场景，越是容易产生强烈的情感冲动。反过来说，抽象的概念没有教学功能，也没有情绪感染的功能。场景化能够丰富概念的线索，带来强烈的情绪体验和主观感受。如在参观上海毛泽东旧居陈列馆的教学活动过程中，展馆珍藏着杨开慧写给毛泽东的情书："他是幸运的，能得到我的爱，我真是非常爱他的哟……谁把我的信带给他，把他的信带给我，谁就是我的恩人。"这段话字里

行间透露出杨开慧对毛泽东深深的爱恋及思念。学生被他们热烈的爱情深深感动。场景化的教学能够丰富概念的线索，带来强烈的情绪体验和主观感受，丰富了学生的具身认知，激活了学生的多种感官通道，形成了四化四进、入脑入心多模态教学的特点。

2. 社会化

态度的形成受社会环境的影响。社会环境对于态度形成起到很大的作用，学生态度和习惯受到朋辈的影响，也受到社会主流价值、榜样参照的影响。在课程中让学生进行自由辩论、立场表达、相互说服等教学活动具有重要意义。

3. 深度化

因做而信，学生通过对某个人物、某段历史、某个事件或者发展历程的了解，能够在多个概念之间建立关联。这既是深度学习的前提，也为学生的态度转变奠定必要的基础。如参观上海大学校史馆，让学生搜集钱伟长校长的生平事迹，学习钱伟长校长的家国情怀、奉献精神并理论联系实际。课程秉持"价值塑造、能力培养、知识传授"的育人理念，将党的二十大报告中的家国情怀融入课堂教学，融入学生的价值塑造，同时在第一时间为青年学生解读党的最新理论成果，解学生思想之渴。

4. 个性化

作品创作方面，学生可以选择展馆创意设计、插图手绘创作、景观设计表现、VR虚拟场景等样式来完成作业。多样化的作品、不同的表达方式有助于促进学生的态度和价值观不断固化，形成自觉的反应。情感是态度形成的催化剂，是学习的敲门砖。通过将党的二十大精神在教学关键节点的渗透，持续激发学生产生积极情绪状态，让学生感受到安全感、支持感和归属感。

表3 "专业设计"四化教学

场景化	社会化	深度化	个性化
参观上海毛泽东旧居陈列馆、中共一大纪念馆、上海解放纪念馆等	学生自由组织，结合生活元素，讨论党的二十大强调的目标	构建情知互促型教学，把学习活动和情感体验有机结合起来，要求完成课程的设计作品	学生有个性化的需求，不是千篇一律

续 表

场景化	社会化	深度化	个性化
开放式访谈：访谈上海市静安区文物史料馆李老师	学生通过小组合作，探究思政元素，学生设置自主思政的主题和任务，学生分组讨论，融入时事教育将时政热点融入课堂	巧设线索问题，引导学生不断思考，提高自身对价值观、人生观的认同感，并完成自我报告	学生可以从更多的视角来理解概念、表征
现场感受先烈故事情景交流课：展示物品等	与社会接触，在文创产品设计过程中了解大众的消费需求，获得客户的认可	文献解读、案例分析	坚定自己的选择，学生入耳入眼、入脑入心，培育高水平、高质量的教学成果

（二）四进：为内在的心理变化和态度得出提供实现路径（图1）

课程从"进口、进手、进情、进心"四进模态搭建言、行、信、守的递进实现路径，以期促进课程思政的精准滴灌，确保学习在喜闻、乐见、悦纳、善守中达成目标。遵循理论先导、知识优先规律，科学规划思政内容的适度占比，紧扣思政目标寻找最合适的课程点，持续改进两者的契合度。课程紧贴时政热点与知识点挖掘思政素材，增加思政温度。志存其高远，行固其近悦，课程将理论教学与创新创业实践相结合，强化学生的体悟融汇、沟通协作、创新实践等能力，延展思政影响力，强化课程感染力。

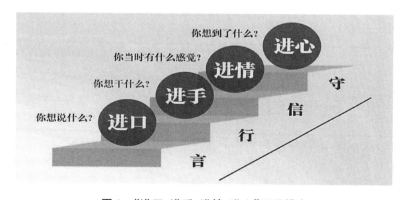

图1 "进口、进手、进情、进心"四进模态

四、党的二十大精神引领"专业设计"的融汇实践

传递,既要传也要递。基于此,在党的二十大精神引领"专业设计"的融会贯通的实践中,课程主动将思政命题"传给"学生、将思政实践"递给"学生,由师生双方的串联式互动反馈完成课程思政内容以及效果的全面优化提升,形成了线上线下双线对接,教师学生双线互动,理论实践双线贯穿,运用核心策略在教学模式、教学内容、资源库建设三个方面的具体做法如下:

(一)更新教学模式(图2)

将党的二十大报告内容与四化四进多模态教学融合,在课程中融入核心创新策略,把课程分为课前自学、课中实践、课后拓展三部分。

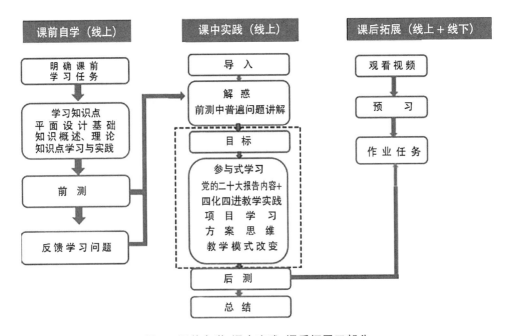

图2 课前自学、课中实践、课后拓展三部分

1. 课前学习理论基础(线上)

课前在学院教学平台布置预习作业,需要学生观看视频,对教学内容有

基本的了解,针对教学内容穿插党的二十大报告中相关章节,如党的二十大报告中强调"推动绿色发展,促进人与自然和谐共生",可结合学生生活中的场景或实例布置讨论,激发学生的学习积极性并通过前测的形式掌握学情,因材施教。

2. 课中进行参与式实践(线下)

课中以线下形式,教师将教学内容导入,对课前预习问题进行解答,重点进行参与式、实操性学习,加上实际项目的引入,全程调动学生积极性并以课堂示范的形式让学生理解。如针对党的二十大报告中提出的"中华优秀传统文化源远流长、博大精深,是中华文明的智慧结晶",在课堂上向学生讲授知识点时结合文化自信进行深入解读。

3. 课后进行拓展练习(线上+线下)

学生对课堂内容进行总结复习,可以反复观看视频,通过课程资源库和学院线上教学平台等多种途径进行课后扩展,完成课后作业,并进行下一堂课的预习。

(二)重整教学内容

结合党的二十大报告,突出知识实际应用,导入"情感入门、作品入脑、价值入心",达成育人目标,将课程思政进行模块化和精细化设计,在逐步完成课程教学过程的基础上潜移默化地达成育人目标。对理念识别(MI)、视觉识别(VI)、展示设计、海报设计、插图设计和网站设计的各知识点进行调整更新,了解行业最新的发展动态,从而反馈学生需要具备的能力,帮助学生满足社会需求。

1. 情感入门

通过故事,激活学生的情绪感受。

2. 作品入脑

通过完成作品,结合专业知识,突出生成性。

3. 价值入心

把情感价值观内化为自己的价值体系,激发自动反应。

(三)激活教学思政资源库(图3)

激活教学思政资源库,开发思政资源,建立整合学院线上课程资源和高水平思政教学团队资源,不仅包括了视觉识别(VI)、室内和景观设计单体元素绘制等专业知识点,还包括了不同类型设计风格的团队教师思政教学案例。学生从课前、课中到课后都可以借助素材中的图片、视频进行预习、绘制作业和课后练习,资源库分为低阶资料和高阶资料,满足差异化学习要求。

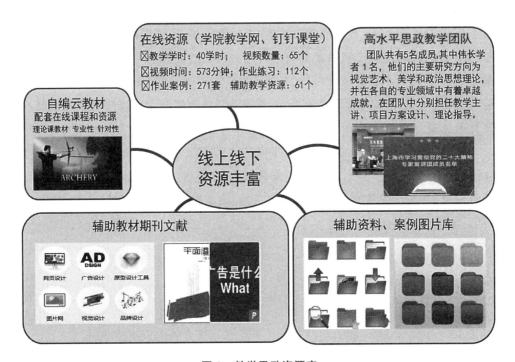

图 3　教学思政资源库

五、"专业设计"课程思政的评价方法

(一) 夯实课程评价体系,建立长效反馈机制

团队将教师评价、学生自评与小组评价都纳入评价主体中,体现评价的人文性、多元性,提升师生互动反馈的流畅性、双向性、精准性,建立长效反馈机制。在"专业设计"课程思政评价过程中,团队采用集体教学评价、教师教学反思(已累计 2 万字)、学生反思报告自评(100 份)、调查访谈、及时反馈等组内组间的评价方式(表 4)。

表 4　组内组间的评价

类型	一级指标	二级指标	指标描述	各组各项平均得分	总评得分
组内互评	参与度(52)	任务参与(20)	参与并完成小组内部分配的各项工作任务	18.76	92.76
		交流参与(12)	能够参与小组交流活动并发表意见	11.08	
		展示参与(20)	能够参与小组展示分享任务的各项准备工作与展示任务	18.36	
	贡献值(24)	资源提供(12)	能够为小组提供有用的资源	11.19	
		观点提供(12)	能够为小组提供可采用的观点、知识、技能	11.07	
	合作态度(24)	任务完成(12)	能够主动承担小组的任务	11.25	
		组员互助(12)	能够积极帮助有困难的组员,带动其共同完成任务	11.05	
组间互评	展示内容(48)	科学性(12)	展示的内容准确,无科学性错误	10.66	85.31
		针对性(12)	展示的内容针对性强,与所要求的一致	11.06	
		组织结构(12)	符合内在逻辑规律,体现认知规律	10.59	
		媒体选择(12)	恰当选择和使用合适的媒体表现形式	10.23	
	展示表现(36)	语言表达(12)	语言表达流畅清晰	9.94	
		思维逻辑(8)	语言表达的思维逻辑清晰	6.8	
		肢体语言(8)	肢体语言与口语表达自然结合	6.63	
		互动交流(8)	语言表达的同时与同学有交流互动	5.71	
	展示媒体(16)	界面风格(8)	展示界面风格统一,色彩搭配协调	6.75	
		结构布局(8)	结构布局合理,展示要点突出、美观	6.94	

采用学习效果评价、师生线上和线下评价、调查访谈等多元化的评价方式,将学生的认知、情感、价值观等内容纳入其中。考核结果还包括过程性考核与期

末终结性考核。其中,过程性考核占60%:线上学习占20%,包括资源学习、在线测试、讨论区参与;同伴互评的个人作业占15%,包括思考图输出、反思报告;组间互评的小组作业占15%,包括创意作品、文献汇报;教师评价和学生自评的课堂表现占10%。期末考试占40%,采取标准化考试和非标准化考试相结合的办法,融入文献解读、案例分析、课程思政等内容,考察知识运用能力、反思总结能力(图4)。

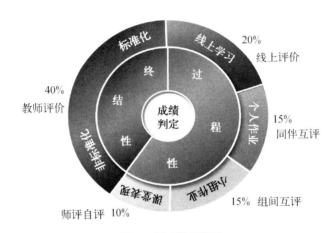

图 4　学习效果评价

(二) 以态度评估教学策略为"脚手架",学生获得多主体反馈支持

以态度评估教学策略为"脚手架",实施主体面向学生、课堂和学校与社会,从而使学生获得同伴互助支持、教师引导支持、行业评价支持、社会公众支持等多主体反馈支持(表5)。

表 5　态度评估教学

态度评估—— 主观方法	方法1:刺激回忆法　参观上海毛泽东旧居陈列馆课后小结 方法2:问卷调查法/调查法　用党的二十大精神指导学生学习问卷调查 方法3:思想汇报　专业设计课程思政评价 方法4:开放式访谈　访谈上海市静安区文物史料馆李老师
态度评估—— 客观方法	方法1:录像分析法　参观上海毛泽东旧居陈列馆现场讨论会视频 方法2:观察分析法　观察党的二十大精神对学生设计的指导程度 方法3:频次表　学生参加小组讨论会发言的次数增加等

六、"专业设计"课程思政的学习效果

（一）"懂艺术、能设计、具匠心"三大目标达成

经过多模态教学改革，学生设计能力显著提升，作品完成度达70%；2022年参加中国当代大学生艺术作品大赛，入选"当代大学生艺术作品"年度鉴赏人数呈上升趋势；学生教师共同参加全国艺术作品赛获奖7项，完成了"懂艺术、能设计、具匠心"三大目标。

（二）"强基础、新思维、创实践"创新能力提升

在视觉传达作品设计项目中循环练习绘画技能加强专业基础，有助于夯实创新，开发创新思维，开展创新实践，提升创新能力。教师注重思政教育与知识传授的有机衔接和融合，在不改变原来课程内容和重点的基础上，明确思想政治教育的融入点、教学方法和载体途径，精心设计思政的教学内容和教学环节，将党的二十大内容无形地融入专业设计课堂中，取得润物无声的效果。

七、结 束 语

用党的科学理论武装青年，用党的初心使命感召青年。党的二十大报告对广大青年提出了"立志做有理想、敢担当、能吃苦、肯奋斗的新时代好青年"的要求。全面、准确、完整地贯彻党的教育方针，深化课程思政改革创新，着力推动党的二十大精神全面融入各门课程内容，加快构建"大思政课"育人格局，培养德智体美劳全面发展的社会主义建设者和接班人，是包括"专业设计"在内的所有课程教师的责任与使命。

以党的二十大精神引领融汇"专业设计"的教学，引导学生牢牢把握新时代十年伟大变革的重大意义、科学的世界观和方法论、团结奋斗的时代要求，是时代新人成长成才的现实要求，更是"专业设计"课程思政教学提质增效的实践意义。作为一名高校教育工作者，要在学、思、用党的二十大精神上做到相统一，就要结合学生实际，让学生在教师"传道、授业、解惑"的过程中学到知识、悟到道

理、铸魂赋能,通过四化四进多模态教学实践,把握党的二十大精神实质和理论意蕴,深刻领悟报告中的新思想新理念新要求,入学生脑,驻学生心,为实现中国式现代化和中华民族伟大复兴,培养输送更多精通专业知识、立志报效国家的优秀艺术设计人才。

数据新闻理论与实践

任瑞娟

任瑞娟,上海大学新闻传播学院特聘三级教授,博士生导师。坤舆优秀学者,曾获多项省级人才称号。主持两项国家社科基金项目,主持多项省部级项目。出版专著三部。

课程名称:数据新闻理论与实践
课程性质:学科基础课
课程学分:3
课程章节:6

基于AI与元宇宙技术的大学生思政教育思考

随着人工智能时代的来临,解决课程思政建设的"两张皮"问题,推进思政教育智慧化,有效发挥"立德树人"的导向作用是时代提出的新课题、新要求。本课程以元宇宙和AI技术赋能课程思政教学变革与方法创新为设计思路,构建元宇宙技术加持下"AI+思政教育"的全新智能化思想政治教育工作体系设计理论框架,同时引入知识图谱、数据新闻概念,从认知传播学视域提出了解决受众对抗式解码、优化思政传播效果的解决方案,为促进高校思政教育工作智能化、泛在化、常态化建设提供了参考。

一、问题源起

思想政治工作(以下简称思政)事关中国特色社会主义前途和命运,国际舆论场中"西强东弱"整体舆论态势依然明显。当前思政教育中刻板印象比较普遍,思政工作效果、一体化与常态化程度均有待提高。当前世界正处于百年未有之大变局,不同思想交流、交融、交锋更加激烈。思政面临挑战,急需新技术新媒体的创新应用来改善思政工作体系。

二、为什么选择AI技术与元宇宙实现其在思政实践中的创新应用?

(一)上海是建党策源地,同时是国家AI战略的桥头堡,刚刚发布了元宇宙新赛道行动方案

伟大建党精神是中国共产党精神谱系的源头,其蕴含着丰富的理想信念等中国话语内涵,是建构中国话语、讲述中国故事及其背后的思想力量和精神力量的重要源泉。上海是建党策源地,在挖掘并讲好伟大建党精神内涵故事方面有

着优秀的文化基础、丰厚的物质基础和坚实的群众基础。

2014年国家AI战略布局中,从政策和产业层面将上海作为国家AI战略中的桥头堡。元宇宙是虚拟世界和现实社会交互的新赛道。2022年7月,上海发布《上海市培育"元宇宙"新赛道行动方案(2022—2025年)》,预计到2025年上海元宇宙相关产业达到3 500亿元。但是,当前超90%的VR应用为游戏类,而内容生态严重缺乏,此为本研究以建党主题为内容元宇宙的紧迫性。

基于AI与元宇宙的内容大爆发下是传播生态的走向和趋势,数据新闻因其多维性承载能力和可视交互能力,成为抓牢用户讲好中国故事的重要载体,为AI在智能传播领域的落地提供基础。基于AI与数据新闻的内容智能表达与智能传播模式,是承接伟大建党精神在思政实践中的创新应用。

(二) AI技术在传媒领域的应用热点与前沿趋势恰好切中关键技术与理论

AI技术作为一种新的媒介,重新定义了人的交流方式,拓宽了传播广度。其在传媒业的应用前沿趋势为:内容的智能表征、连接的智能表征、新闻语义框架的构建与应用研究、媒介定义社会的智能化表达。

基于AI技术建构三维知识图谱,重点支撑数据新闻的智慧图式理论与思政三维图式理论的建构,与国际学者对"人—机传播"(HMC)模式的深度语义探讨比较一致,且与认知传播学的前沿方向是顺承关系。因此,探讨并建立支撑智慧传播所必需的场景化语义传播框架,将是未来国际、国内研究者的前沿热点,也恰是提升认知传播效果、有效引导受众等传播应用场景的核心技术应用与理论创新。

(三) AI技术对认知传播学两个方向的承载,支撑数据新闻成为认知传播能力提升的绝好平台

符号认知传播方向延伸形成了基于内容的智能语义表征与智能传播的前沿领域。具身认知传播领域在当前网络环境下得到了AI技术支撑,可以延伸进行一些具象的身、心、意、行的语义实验研究。依托AI技术的数据新闻能无缝承接上述两个方向,恰好为思政工作实践创新提供适宜的平台和内容。

1. AI技术中知识图谱研究将承接符号认知传播学的应用研究方向

符号认知传播学研究注重"符号及其表征"。符号加工模式强调个体如何精确表征世界,如何获得和加工信息,以及怎样提取和利用信息。国内外有关人物

知识图谱的研究有不少,但有关中国共产党建党主题的事件知识图谱研究鲜见。课程参考国际标准已有研究成果、语义数据集和通用的网络调用平台,在建党主题图谱建构与数据新闻的故事化讲述中有借鉴意义。

2. 基于伟大建党精神,针对建党事件进行事件本体的动态建构

基于传媒业国标构建数据新闻语义框架,成为 AI 视域下国内新闻学的重要领域。结合国标近年已有的多项新闻内容与传播语义框架的研究实验、成果,课程形成多项研究成果,如基于国家标准对新闻报道封面、事件信息的规定,构建了火灾突发事件新闻内容语义框架;再如基于突发公共事件报道智能表征与传播矩阵的智能表征,设计实现了突发公共事件内容与传播的智能表征实验,构建突发公共事件内容与传播的知识图谱。

3. 数据新闻在信息解码实验的相关研究基础

有研究者测试了受试者在选用不同媒介时对科普知识、新闻和小说阅读效果的差异,通过填写问卷的形式来对比阅读理解效果和沉浸效果(Yang. Seungchan、Lee. Mina,2016),对探讨建设性新闻的用户解码与信息传播框架进行了研究(赵希阳,2022)。平台用户对数据新闻的内容呈现中信息传播模式不同,不同平台上用户信息解码模式也不同且与平台密切相关,这些对数据新闻客观性增强及传播态与未传播态二合一有机融合的特点起到了重要的支撑作用,使得受众对视频内容解码时更多地以"主导—霸权"模式为主,研究者据此进一步测量了人工智能语音播报与直接阅读文本对新闻内容记忆效果的差异。

4. 红色智慧阅读与信息解码相关的实践与研究

上海图书馆开发建设红色文化服务平台,实现了以红色文化为主题的多资源类型整合、多源异构数据融合、跨平台统一检索,并基于语义发现、数据可视化的数字人文与知识服务和技术,实施智慧阅读场景化开发,在用户 VR/AR 游览过程中推送附近建筑相关的人物、事件及资料,形成 XR 的体验空间,建设智慧阅读场景并构成上海历史文化记忆的建筑、事件、时间、多媒体资源等相互关联的知识库,形成了用户的记忆、文化与用户信息解码的图谱数据库。

三、党史元宇宙的策划、设计与创建

百度公司、武汉千乘科技有限公司与上海大学新闻传播学院签署合作协议,

并共同建立元宇宙实验室,初期精选建党主题的经典事件"中共一大""红船"进行元宇宙空间的策划与实现。

对建党主题元宇宙设计并运用720°全沉浸式场景技术,运用VR高科技手段,真实演绎再现历史场景,以震撼的效果传达伟大建党精神;运用3D动态环境建模技术、全沉浸式场景技术、绘制和渲染技术,让受试者以3D虚拟展厅的形式体验革命性事件,通过视觉、听觉等全方位立体化组合,打造身临其境的震撼体验。

(一)建党主题智慧阅读与元宇宙互动实验的创新应用

在建党主题数据新闻制作基础上,在两类图书馆针对两类群体进行常态化布展、一体化实施。在场景化智慧阅读的布展中进行VR、AR阅读模式场景的搭建与阅读资源的适配。重点针对两类群体,关注建党数据新闻作品的场景化智慧阅读的场景。通过建党主题数据新闻深度阅读场景策划、知识网络的可视化关系呈现与发现,体现党史内容的多类目间的关联关系,梳理复杂的历史脉络、智能问答平台等应用场景推广。

实验中针对两类群体的阅读习惯的思政效果进行调查或访谈,结合实验数据完成其信息解码图谱的研究,并建立基于数据新闻的智慧阅读基地,推进多群体思政教育一体化、常态化、制度化实施。

在选定的两类图书馆中分别进行建党主题数据新闻的智慧阅读场景搭建,打造建党主题红色阅读场景服务空间,常态化实施智慧阅读实验。将建党主题的元宇宙互动虚拟空间在馆内布置,并针对两类群体进行常态化的元宇宙互动实验。

以"AI+数据+传播"思路将策划与布展的前瞻性与常态化思路纳入设计,从制度设计、空间保障、设备支持、资金人员等的常态化、制度化上进行落实。

利用AI技术支撑智慧大脑进行读者识别、需求感应、内容呈现、关联感知、接力引导、多屏联动等实现场景化智慧阅读。对受试群体智慧推送,结合智慧导览VR导航、智慧书房的打造、红色资源智能推送等,通过智能化的AR导览服务和大数据精准服务打造阅读场景。在辅助交互课堂、关联讲座、相关活动、现场直播等交互式现场中,将智慧阅读的场景布景与线下受试用户间的交流通过实体空间和虚拟空间进行结合以完成智慧阅读。同时实现在语义空间、表达呈现、内容意义三个维度的智慧融合,支撑思政工作三维图式理论。

对建党主题元宇宙的具体策划与布展,从硬件配置到平台研发配套,满足720°全沉浸式场景技术支持动态环境建模的技术要求;满足以 3D 虚拟展厅的视觉、听觉等全方位立体化空间与设备要求,打造身临其境的震撼体验。将 3D 技术及沉浸式场景的渲染效果,将爱党知史的文化内涵和伟大建党精神所包含的理想信念多维度地传递给受试对象。

通过对照实验来设置不同的阅读场景,采集受试群体在智慧阅读和元宇宙实验中数据。实验中,通过录像、录屏、眼动记录仪等来采集实验实时数据,以大数据等量化方法分析受试者的体会与行为研究认知传播的效果,并通过访谈、测评等质性研究方法测量读者在阅读效果、互动感受等认知上的差异。

(二) 思政工作中受教育对象的信息解码图谱的建立和认知传播规律的总结是难点

在建党主题数据新闻的智慧阅读实验之前进行的阅读习惯调研,主要服务于解决思政对象的"悦"读与"入脑入心"等问题,是成功高效建立思政教育效果的保障。思政受教育对象对所接收的内容信息的理解与自身的认知体系相融合的过程所涉及的知识背景与成长环境等因素均可能影响信息解码。一般来说,信息解码过程都会最大限度地避免用户因知识背景与文化视域的不同而带来"文化折扣""背景折扣"等现象,尽量避免造成解码过程中的认知偏差或造成的原内容产品的传播价值的耗损,以及由此带来的阅读价值反转(或称为曲解、误解)。因此,信息解码图谱的建构与认知传播规律的总结是难点。

从编码与解码理论入手,注重认知传播学理论与方法的应用。研究表明,一般内容产品的形成是信息的"编码"过程,在讲述、播映、网页发布等表达呈现过程中,相应的内容通过表达呈现被读者理解或接收。内容产品的接受与解读则是更进一步的信息的"解码"过程。"编码"高质量就意味着读者有"悦"读感;在"解码"过程中,解码的主体是受众个体,因此解读的过程不可避免地会带上强烈的主观色彩,势必对解码造成影响。因此研究可能会受到多种因素的影响,调节变量可能较多。

首先,建党主题智慧阅读实验前开展信息解码图谱的构建研究。总体而言,信息解码与用户的阅读习惯有关,也与用户自身的理解与认知体系等有关。研究中基于两类群体自身认知结构起对外部信息的多维度的呈现,以辅助理解并融入自身认知体系,这是至关重要的环节。在梳理信息编码—解码理论中发现,网络平台环境下中的信息解码受平台影响较大,因此将信息编码与平台呈现分开来讨论,这样的细化区分有助于降低误差,减少噪声变量影响。

然后,通过选择解码模式进行信息解码研究,如"主导—霸权"模式、协商模式、对抗模式等,以专家访谈找准调节变量。针对两类受试人群通过用户随机模式来选择不同的领域信息,以增加调研的普适性。

最后,通过对受试人群的阅读习惯、智慧阅读实验数据总结,形成认知解码图谱。在两类群体的成长规律与教育规律大框架下,总结思政工作中两类群体的认知传播规律。

四、结　　语

考虑到人工智能时代下思政教育工作的智能化、泛在性、个性化等特征要求,以元宇宙概念赋能思想政治教育,创新"立德树人"教育新模式,提出在元宇宙技术加持下构建"AI＋思政教育"的全新的智能化思想政治教育工作体系。立足"AI＋数据＋传播"思路,契合当代大学生沉浸式、读图式、云端式等实际需要,满足高校学生成长成才发展的时代需求,提升高校思想政治教育工作效果,在"寓教于乐"的教学氛围中培育新时代好青年。

桥梁工程

于祥敏

于祥敏，上海大学力学与工程科学学院讲师、硕士生导师。主讲"桥梁工程"课程，课程获评上海市一流本科课程。主持1项省部级课题，参与多项国内外重大桥梁工程的科研课题和工程实践，获英国土木工程师协会颁发的 George Stephenson Medal 奖，发表论文和专业文章 10 余篇。主要研究领域：桥梁结构设计与施工；大跨径桥梁施工控制。

课程名称：桥梁工程

课程性质：专业选修课

课程学分：4

课程章节：整门课程

有榜样、有价值、有特色、有趣味的"桥梁工程"课程

习近平总书记指出,青少年阶段是人生的"拔节孕穗期",最需要精心引导和栽培,青年强则国家强。大学之道,在明明德,在亲民,在止于至善。作为一名大学教师,有必要引导学生赓续红色精神血脉,明理增信崇德力行,培养出怀抱梦想又脚踏实地,敢想敢为又善作善成,有理想、敢担当、能吃苦、肯奋斗的新时代好青年,为实现中华民族伟大复兴的中国梦添砖加瓦、筑桥修路。

逢山开路,遇水架桥,山河之上、峻岭之间,一桥飞架南北,天堑变通途。"桥梁工程"是土木工程学科的重要分支之一,也是交通土建核心专业课程,具有较强的实践性与应用性。"桥梁工程"课程以了解桥梁结构性能、学习设计施工理论和技术为主,注重知识理解和技术传授,课程难度大、要求高。不驰于空想,不骛于虚声,课程教学团队一直以学生成长为中心,不断迭代更新教学方法和内容,保证教学质量,该课程已被评为上海市一流本科课程。

凡益之道,与时偕行。课程团队落实党的二十大精神与专业知识相融共进,探索出一套思政教育实践的"四有方法"——有榜样、有价值、有特色、有趣味,实现知识传授、能力培养和价值塑造的目标,盐融于水,润物无声,立德树人,培根铸魂。

一、有榜样:玉壶存冰心,朱笔写师魂

新时代背景下,全面推进课程思政建设是高等教育重要的工作之一。身教胜于言传,课程思政,教师先行。教师只有做到真信、真懂、真做,才能在学生心中埋下真善美的种子。教育是一棵树摇动另一棵树,一朵云推动一朵云,一个灵魂唤醒另一朵灵魂,触动心灵的教育才是最成功的教育。教师,不止在于传道授业解惑,更重要的是教之以事而喻诸德。教师要靠"专业能力"和"人格魅力"成为推动学生成长的那朵云,身着白衣,心有锦缎,匠心致远、臻于至善。

柳絮因风起,葵花向日倾,榜样的力量是无穷的。教师是为学为人的表率,

应提高育人意识,夯实基础,知行合一,切实做到"爱学生、有学问、会传授、做榜样",将思想引领和价值塑造融入教学和工作实践中,以专业能力、严谨态度和敬业精神影响学生。动之以言者,其感不深;动人以行者,其应必速。

二、有价值：一桥飞架南北,天堑变通途

桥梁不仅是跨越承载的工程结构,还是开放的公共建筑、造型多样的人工景观和通达交流的社会纽带,对政治、经济、国防等具有重要意义。世界桥梁建设六七十年代看欧美、八九十年代看日本、二十一世纪看中国,如今"中国桥梁"已经成为我国一张闪亮的名片,这是中国崛起和强大的直接证明。桥梁不仅打破了"鸟不飞渡、兽不敢临"的交通困境,改变了"宁要浦西一张床,不要浦东一间房"的经济困境,也寄托了国家强盛之梦,帮助人民脱贫攻坚,实现乡村振兴和交通强国的目标。课程通过讲述桥梁的功用价值,增强学生胸怀"架桥铺路、造福于民"的神圣使命,脚沾泥土、手撷芬芳,筑牢信仰之基、厚植为民情怀,培育匠心精神。

结合党的二十大精神,通过归纳总结课程中所蕴含的爱国情怀、工匠精神、哲学思维、核心价值观等元素,融入渗透到各个知识板块,适时引导学生思考,达到传授知识、启迪智慧、润泽思想、点化生命的目的。引导学生传承红色基因,激发民族自信心和自豪感,赓续"逢山开路、遇水架桥"精神血脉,激励学生与时俱进、锐意进取,勇于担当作为,为实现中华民族伟大复兴的中国梦贡献智慧和力量。欣逢盛世,当不负盛世,同心砥砺新时代,继往开来新征程。

三、有特色：博观而约取,厚积而薄发

人材之成出于学,教学不是灌输,而是点燃火焰,正本清源,守正创新。见之不若知之,知之不若行之,课程团队通过项目驱动的教学方式(PBL),提高课程的高阶性和挑战度,培养学生应用知识解决问题的能力,帮助学生完成"知到—做到—做对—做好"的认知蜕变,内化于心,外化于行。

课程开展桥梁设计大作业,以任务为导向,学生通过 learning by doing(干

中学)的高效学习方式,不断发现问题并解决问题,学以致用,以用促学,学用相长。理论联系实践,在解决真实问题的过程中充分激发学习兴趣、创新能力、自主学习能力和团队协作能力,提升综合运用课堂所学理论知识完成实际工程项目的能力。行是知之始,知是行之成,功夫在诗外。

积一勺以成江河,累微尘以崇峻极,道虽迩不行不至,事虽小不为不成。在每节课堂教学中,教师会以板书框图形式梳理本节课程要点,培养学生系统性思维和类比归纳能力。站得高才能看得远,于高山之巅方见大河奔涌,于群峰之上更觉长风浩荡。授人以鱼不如授人以渔。教师也会结合自身经验给学生传授学习和做事的方法,通过小组汇报、写课程总结等培养学生沟通表达和总结复盘的能力,提高学生的学习力,让学生学会举一反三。

四、有趣味:青山看不厌,流水趣何长

课程团队通过科教融合把科研成果转化为教学资源,通过图片、动画等多种多媒体互动的形式,将知识点转变为生动活泼的直观影像。同时,充分利用线上优质视频资源,如《国家记忆》《超级工程》等纪录片中相关的重大桥梁工程案例,建立桥梁工程思政资源库。通过多种形式的教学方法和手段提高课堂教学的趣味性和接受度,激发学生的学习兴趣和自驱力,提升专业认同感和民族自豪感,讲好中国桥梁故事。

对"教师"的称谓心存敬畏,是教师的责任使命,也是对教师的鞭策督促。"尊德性而道问学,致广大而尽精微,极高明而道中庸"大抵是理想中的教师形象,一点浩然气,千里快哉风。身为万千青年教师之一,米小苔花,点点萤火,但有一分热发一分光,山不让尘,川不辞盈,微光汇聚,终成炬火。功名半纸,风雪千山,在终身学习的道路上教师也是学生,仍需求知若饥、虚心若愚,博学不穷、笃行不倦,争取将自己和学生都培养成"有能力、有担当、有格局"的新时代好青年。芳华待灼,砥砺深耕,于道各努力,千里自同风,共勉之。

毛泽东思想和中国特色社会主义理论体系概论

张富文

张富文,上海大学马克思主义学院教授、博士生导师。入选省级高层次人才B类领军人才。主讲"毛泽东思想和中国特色社会主义理论体系概论""习近平新时代中国特色社会主义思想概论"课程,获评省部级教学成果奖一等奖、二等奖各1项。主持多项国家社科基金项目及国家级、省部级课题。曾获省优秀社会科学成果奖二等奖2项、三等奖2项。著有《马克思主义人本思想研究》《"以人为本"的科学内涵与实现路径研究》《马克思主义人本思想中国化研究》等专著,发表论文和专业文章40余篇。主要研究领域:马克思主义中国化、中国共产党党史研究。

课程名称:毛泽东思想和中国特色社会主义理论体系概论
课程性质:公共基础课
课程学分:5
课程章节:整门课程

党的二十大精神有机融入
"毛泽东思想和中国特色社会主义理论体系概论"课的思考

党的二十大精神有机融入"毛泽东思想和中国特色社会主义理论体系概论"课(以下简称"概论"课),要把党的二十大主题全面融入"概论"课;要坚持讲准、讲深、讲透、讲活的基本原则;要坚持全面融合、专题融合、章节融合、知识融合、精神融入的基本维度;要坚持讲活伟大成就、讲好理论创新、讲清使命任务、讲明伟大举措、讲出精神气概的基本着力点。

一、党的二十大的主题全面融入"概论"课

党的二十大精神融入"概论"课,关键是要把党的二十大的主题全面融入"概论"课。党的二十大主题为"高举中国特色社会主义伟大旗帜,全面贯彻新时代中国特色社会主义思想,弘扬伟大建党精神,自信自强、守正创新、踔厉奋发、勇毅前行,为全面建设社会主义现代化国家、全面推进中华民族伟大复兴而团结奋斗"。大会主题可用五个"什么"概括,即"举什么旗帜"(高举中国特色社会主义伟大旗帜)、"走什么样的道路"(走中国特色社会主义道路)、"以什么思想为指导"(以习近平新时代中国特色社会主义思想为指导)、"以什么样的精神状态"(以自信自强、守正创新、踔厉奋发、勇毅前行的精神状态)、"实现什么目标"(实现全面建设社会主义现代化国家、全面推进中华民族伟大复兴的目标)。党的二十大精神融入"概论"课,首要的是要把大会主题的五个"什么"根据"概论"课的教学安排全面贯穿于教学内容中。

党的二十大的主题充分体现了马克思主义理论精髓,具有深刻的马克思主义理论基础。1893年10月12日恩格斯在写给倍倍尔的信中指出:"一个知道自己的目的,也知道怎样达到这个目的的政党,一个真正想达到这个目的并且具有达到这个目的所必不可缺的顽强精神的政党,这样的政党将是不可战胜的。"(《马克思恩格斯全集》第39卷,人民出版社1974年版,第138页)这段话虽然是

恩格斯在19世纪末讲的,但完全契合党的二十大主题的精神。党的二十大报告的主题充分地体现了这段话的精髓。党的二十大报告把党的目标讲得非常明确,即全面建成社会主义现代化国家、全面推进中华民族伟大复兴。以伟大建党精神为源头的精神谱系乃是重要的精神支撑,所以领导中国人民踏上新时代新征程的中国共产党是不可战胜的。把党的二十大报告的精神融入"概论"课,尤其关键的就是要把大会主题全面有机融入"概论"课。把大会主题讲清楚了,就抓住了"牛鼻子",就能从全局的高度把党的二十大精神有机融入。

二、党的二十大精神融入"概论"课的基本原则

党的二十大精神融入"概论"课要坚持讲准、讲深、讲透、讲活的基本原则,而这四个方面是一个有机整体。党的二十大精神融入"概论"课,讲准是基本前提,讲深是根本要求,讲透是关键要求,讲活是具体要求。党的二十大精神融入"概论"课要坚持讲准、讲深、讲透、讲活的辩证统一。

党的二十大精神融入"概论"课要坚持讲准,所谓讲准,就是要把党的二十大报告精神全面准确地向学生讲清楚。要在读原著、学原文、悟原理的基础上按照党中央和教育部关于学习宣传贯彻党的二十大精神的要求,精心备课、精心组织、精心讲授,把党的二十大精神及时准确地向学生讲授。讲准就是要准确把党的二十大报告的历史背景、时代方位、核心内容、基本精髓、基本要求等向学生"原汁原味"地传达,不能搞变通、打折扣甚至错误地宣传宣讲党的二十大精神。

党的二十大精神融入"概论"课要坚持讲深,所谓讲深,不是"故作高深",而是要把道理、学理、哲理讲清楚。"概论"课是面对本科生开设的必修课,其教学对象是高素质的当代大学生,所以不能仅仅止步于简单的现象描述,要从本质规律的高度向学生宣讲党的二十大精神,也就是要从道理、学理、哲理辩证统一、螺旋式上升的认识论高度宣讲党的二十大精神,不仅要把道理讲清楚,还要把学理讲明白,更要把哲理说透彻。

党的二十大精神融入"概论"课要坚持讲透,所谓讲透就是要向学生透彻明晰地讲好党的二十大精神。所谓透彻就是既要"进得去",也要"出得来";既要从理论体系上讲清楚,也要从精神精髓上讲明白;既要全面学习全面把握全面贯彻,也要有重点有侧重有主次地讲授,从而深入浅出地结合"概论"课课程体系,

深刻地把握党的二十大精神的灵魂。

党的二十大精神融入"概论"课要坚持讲活,所谓讲活,就是要用丰富灵活多样的方法手段,呈现、讲授、宣传与"概论"课有效衔接的党的二十大精神。要通过多种教学方式方法来讲解党的二十大精神,可以通过启发式、研讨式、翻转式课堂、课堂展示、实践教学等教学方式方法进行党的二十大精神的教学,以提升党的二十大精神融入"概论"课的教学效果。

三、党的二十大精神融入"概论"课的基本维度

党的二十大精神融入"概论"课要坚持全面融合、专题融合、章节融合、知识融合、精神融入。这几个方面构成了有机统一的党的二十大精神融入"概论"课的基本维度。全面融合是基本要求,专题融合是重要形式,章节融合是具体形式,知识融合是具体内容,精神融合是根本要求。

党的二十大精神融入"概论"课要坚持全面融合。党的二十大报告共分为十五个部分,而"概论"课共十四章,再加上导论与结束语。党的二十大报告的十五个部分与"概论"课的十六章之间具有对应的关系。在备课讲课的过程中,要把党的二十大报告的具体内容与"概论"课的内容进行全面融合。

党的二十大精神融入"概论"课要坚持专题融合。党的二十大报告内容十分丰富,可以通过专题教学的形式,对"概论"课的教学进行设计,既可以丰富"概论"课的教学内容与方式方法,也可以提升党的二十大精神融入"概论"课的针对性、有效性。

党的二十大精神融入"概论"课要坚持章节融合。党的二十大内容十分丰富,要根据"概论"课的章节,把党的二十大精神融入不同的章节之中,与章节内容进行无缝对接,既可以丰富"概论"课的教学内容,实现知识点的更新,同时也可以把党的二十大精神化"有形"于"无形"融入课程体系之中。

党的二十大精神融入"概论"课要坚持知识融合。党的二十大有很多重要的命题、论断,而这些重要的概念范畴作为"概论"课教学的知识点,要与原来的"概论"课的教材体系的知识点进行有机融合对接,实现党的二十大报告精神与"概论"课教材教学体系的知识融合。

党的二十大精神融入"概论"课最高层级就是精神融入。伟大建党精神作为

党的二十大报告的精神根脉,是党的二十大的精神动力与精神滋养。坚持精神融入,就是要坚持伟大建党精神融入"概论"课。坚持真理、坚守理想是立党之魂,体现了伟大建党精神的科学性;践行初心、担当使命是兴党之基,体现了伟大建党精神的实践性;不怕牺牲、英勇斗争是强党之本,体现了伟大建党精神的斗争性;对党忠诚、不负人民是治党之要,体现了伟大建党精神的人民性。因此,要把伟大建党精神有机融入"概论"课的教学体系之中。

四、党的二十大精神融入"概论"课的基本着力点

党的二十大精神融入"概论"课要有具体的抓手与着力点。党的二十大精神融入"概论"课的着力点是与党的二十大精神的核心要义紧密联系的。党的二十大精神融入"概论"课的基本着力点就是讲活伟大成就、讲好理论创新、讲清使命任务、讲明伟大举措、讲出精神气概。

党的二十大精神融入"概论"课要讲活伟大成就。讲活伟大成就是党的二十大精神融入"概论"课的内在要求。第一部分伟大成就部分是党的二十大报告中分量最重的部分,占二十大报告的五分之一还要多,要向学生讲清楚具有重要历史意义上的"三件大事"和十六个方面的伟大成就,要通过把伟大成就讲活,增强学生的道路自信、理论自信、制度自信、文化自信。

党的二十大精神融入"概论"课要讲好理论创新。讲好理论创新是党的二十大精神融入"概论"课的核心内容。党的二十大报告的第二部分"开辟马克思主义中国化时代化新境界"是党的二十大报告中最具理论创新性的内容。要结合"概论"课的教学内容讲清楚"两个行""两个结合",尤其是要讲清楚习近平新时代中国特色社会主义思想的世界观与方法论以及贯彻其中的立场、观点、方法。

党的二十大精神融入"概论"课要讲清使命任务。党的二十大报告的第三部分"新时代新征程中国共产党的使命任务"是党的二十大报告的重要内容。要结合"概论"课的教学教材体系,向学生讲清楚中心任务,中国式现代化的特征、本质要求、战略安排、基本原则。

党的二十大精神融入"概论"课要讲明伟大举措。党的二十大报告的第四部分至第十五部分主要是讲实现历史任务的主要举措,是党的二十大的重要组成部分。这些举措实际与"概论"课的内容体系之间几乎是相互呼应的,要实现以

上举措与"概论"课之间的全面对接,要从经济、政治、文化、社会、生态、党的建设等各个方面讲清楚、讲精彩。

党的二十大精神融入"概论"课要讲出精神气概。党的二十大报告首次将伟大建党精神纳入大会的主题之中,党的二十大蕴含的精神气质、精神气概是党的二十大的精神底座。党的二十大报告中讲到了以伟大建党精神、斗争精神、奋斗精神为代表的十八种精神,这些精神是党的二十大的重要精神动力。党的二十大精神融入"概论"课的最高境界就是要讲出党的二十大的精神气概。

写 生（1）

桑茂林

桑茂林，上海大学上海美术学院副教授、硕士生导师、版画系常务副主任，上海美术学院造型学部学术委员会委员，上海市美术家协会版画艺委会委员，海派文化中心专家委员，山西省文学艺术界联合会决策咨询顾问。主讲"写生(1)""黑白木刻 A""黑白画 B"等课程，曾获 2020 年度上海高等学校一流本科课程、2019 年上海高校课程思政领航计划精品改革领航课程、2022 年度上海市课程思政示范课程，获评首届上海市课程思政教学设计展示一等奖等。主持多项省部级课题，著有《黄河上空的云》《黑白与黑白木刻教程》《黑白木刻》《罗甸民俗版画教程》《桑茂林作品集》等，发表论文和专业文章 9 篇。主要研究领域：美术学版画。

课程名称：写生(1)
课程性质：实践类课程
课程学分：4
课程章节：整门课程

实践类课程的课程思政建设研究
——上海大学上海美术学院版画系"写生(1)"

按照上海大学办学定位、专业特色和人才培养要求,立足上海大学上海美术学院版画系的"写生(1)"社会实践课程的教学目标、要求和质量标准,归纳思想政治教育元素,使课程思政建设目标和内容重点悄无声息地融入课程之中。

"增强中华文明传播力影响力。坚守中华文化立场,提炼展示中华文明的精神标识和文化精髓,加快构建中国话语和中国叙事体系,讲好中国故事、传播好中国声音,展现可信、可爱、可敬的中国形象。"

本课程是为本科生设计的实践课程,目的在于培养全面发展、符合时代需求的创新型美术实践人才,是专业基础必修课程的重要组成部分。课程以带领学生走出校园、进入乡村的方式,引导学生亲身体验和感受新农村新变化,比较农村新旧变革;通过亲身感受去描绘农民生活富裕新景,自觉接受爱党、爱国、爱民教育。学生在实践中写作与绘画并驾,主动发现创作亮点并自拟课题、现场记录,在作业中刻画民生,描绘大好河山,获得现实主义创作素材。本课程促进了艺术类大学生的学术水平和文化自信的提升,为培养拥有我国本土文化视野的实践型、创新性、综合型、高水平创作人才提供有力的基础保障,为出版、教育、文化馆、博物馆、美术馆等行业和场所提供综合素质人才。

本课程体系取决于人才培养方案设定,课程的思政元素隐含在整个课程体系中的每一个节点上,并发挥着其功能和作用。这使建设课程思路和方法具有了实际意义。

"读万卷书,行万里路。"培育学生对祖国文化的亲近感,立足时代,扎根人民,讲好"四史"故事,帮助学生树立正确的艺术观和创作观。课程引导学生走出校园,深入百姓生活。生活是艺术的源泉,身为教师,按照教学计划和要求,带领学生到农村、厂矿、军营写生,增加体验生活的机会。但当代的教学,不能总是使课程教案处于不变的"待机"状态,长此以往,我们的教学或将出现"逆水行舟,不进则退"的尴尬处境,甚至会"死机"。"不忘初心,砥砺前行",新时代课程面临着新挑战,需要作出新突破。

"办好人民满意的教育。育人的根本在于立德。全面贯彻党的教育方针，落实立德树人根本任务，培养德智体美劳全面发展的社会主义建设者和接班人。"

育人，不仅育"学识"，而且育"德"。思政元素更多是"德"的体现。本课程的地点是陕西与山西交界的黄河地区，目的地的选择为课题提供了特有的思政元素。黄河为中华母亲河，历史文化悠久，民间文化朴实，汉文化根基深，并且当地博物馆信息量大，为传统文化元素的挖掘提供了良好条件。学生从中了解到关于北方"朴实""敦仁""勤劳"等美学特征，也学到很多做人的道理。这里红色基因浓厚，是革命老区，晋绥革命博物馆与毛泽东同志东渡黄河旧址，为学生提供了重温新中国革命历史的条件。在实践中学生认识到新中国来之不易，加深了爱国主义情怀。这对学生的创作具有积极影响和教育意义。多次实践经验告诉我们，在生活中实践、学习、育人和在教室中学习、育人的效果有很大的区别。

锤炼技艺，增进以美育人、以美化人意识，传承和弘扬中华优秀传统文化。在课堂中，教师不光教作画的技法和艺术，同时教学生观察生活的方法、态度以及正确的艺术观、审美观和创作观，并增强大学生"真、善、美"的认识观。这是在实践体验中对学生进行思想认识上的熏陶、思想情感上的培育和正确价值观的导引。学生走进黄河大地，身临其境，真实地了解国情、了解民情、了解新农村。在绘画实践中增长绘画技能，同时锤炼了学习意志并提高做人作画品质。学生还在实践学习中增强为人处世能力，了解地方传统习惯，由此了解乡村百态。通过感受乡村的新旧变革面貌比较、体会百姓的幸福心态，通过认识农村的一草一木、一山一水等大自然中的万物生灵、地域特性，学生开阔了视野，增长了美术专业学生的内在涵养知识。学生在实践中自觉领悟、主动学习，了解中华优秀的黄河流域文化，学生的艺术审美和人文素养都得到了提高，对民族文化充满自信。

"我们坚持绿水青山就是金山银山的理念，坚持山水林田湖草沙一体化保护和系统治理，全方位、全地域、全过程加强生态环境保护，生态文明制度体系更加健全，污染防治攻坚向纵深推进，绿色、循环、低碳发展迈出坚实步伐，生态环境保护发生历史性、转折性、全局性变化，我们的祖国天更蓝、山更绿、水更清。"

见证新农村建设与农民生活富裕新景，为创作提供现实主义思政素材。充满泥沙的黄河水很容易使土地沙化，不适合庄稼的浇灌。长久以来，黄河两岸人民依赖于悠久的黄河文化，他们的生活并不富裕，但文化底蕴深厚，生生不息。新中国成立后，整个形势发生了翻天覆地的变化。对于经历过这场变化的黄河人，更是体会深刻。在写生实践课程的过程中，学生在老乡家里画画、聊天，了解到这里变革的过程。在写生中体会到百姓生活发生的变化,破旧的窑洞经过政府修缮,恢复了原有的面貌,不仅保持了本地的民风特点,家家户户也都有了各种电器,飞速的互联网加快了他们与外界的联系,原来苦咸浑浊的饮用水现在变成了清澈甘甜的深井水。远处的黄土坡变了,改革开放之前,光秃秃的黄土坡夹杂着几棵细细的枣树,如今它已全部穿上绿衣,遍布山坡的枣树早已成了这里的一项产业。黄河也变了,多少年前,黄河生态紊乱,到处有不合法的黄河采砂者,导致黄河改道。如今,黄河两岸绿树葱葱,整齐干净,多了很多旅游胜景……这些改变来自学生写生过程的所听所谈,他们受到的感染与教化体现在他们的作品中。从整个课程中感悟与体会农村的变革与新政策给人民带来的福利,这些都有可能成为他们将来的创作素材,这种实践成为将来艺术创作的蓄水池。

"深入实施人才强国战略。培养造就大批德才兼备的高素质人才,是国家和民族长远发展大计。"

解决复杂问题的综合能力和高素质培养中包含思政内容,凸显挑战性与综合能力提升。改变旧模式,增添新内容。美术绘画专业不能脱离生活,不仅要在教室里解决相关课题,也需要走出教室、接触生活。以往美术学院写生实践基本上是采风,师生一同到乡下画画,实景写生,体验乡村生活。这种方式已成为美术学院的一项教学传统,即使有变化,也不会很大。"写生(1)"进行了大的变动,成为课题针对性强、调研目标明确、写生和考察三位一体的实践方式。课程的目标与思路以课题为引导,任课教师对课程既要有长远规划,也要有当下课程具体设计,这对教师具有一定的挑战性。此外,课程中要以学生为主体,发挥学生自身的主动性。其间,学生要自觉寻找课题亮点,挖掘生活内容,并寻找个性创新。这些缺少不了实地交流、考察、写作与讨论等实际操作,更重要的是如何在作品中融入"真、善、美"。这对于学生来讲便是对复杂问题的综合能力与高级思维的培养。

"教书育人",融入"思政"。"教书"本是"育人","思政"的融入为"育人"提供了坚实的保障。思政在课程中不应该"写"得太重,课程目的不是为了"思政",而是"思政"配合课程达到"育人"目的。"写生(1)"的课堂中思政的元素"润物细无声"地悄然渗入,思政与课程内容相辅相成,课程的目的与思政的目的虽各自发出自己的声音,但并不是把思政生硬地强加于课程之上,更不是课程与思政"两张皮"。"写生(1)"课程来到黄河流域,感受中原黄河文化,当代的大学生与黄河、百姓相互交融,感受中国的传统文化,了解这里的民情风俗,感悟这里的时代变迁,到革命旧址接受党的文化教育等。从地点的选择、文化环境的融入、时代教育的需求三方面,形成了"天时、地利、人和"的最佳基础,这为课程拓宽了维度,也为增强学生中国文化自信的育人目的提供了条件,在训练高阶思维能力的同时体现思政元素。

  课程注重学生对信息的整合能力。"写生(1)"课程的教学目的是培养大学生的综合素质。思政元素在课程中的体现主要有两个方面,一是写作,二是画画,都体现出综合素质培养的教学目的。文章作为写生总结,要求把接收的繁多琐碎的文化信息进行整合和梳理,体现文学水平。绘画作品需要筛选主题,锻炼了学生的创作思维。两者在当地习俗文化和当地新旧变化等细节上都体现了学生对信息的整合把控能力。

  课程的写生与考察是知识构建的学习过程。这个过程相对时间长,需要靠大量作品与信息积累。人们总是有很多次实践,才能总结出规律,必须有大量的偶然,才能得出最终的必然,绘画的规律也是如此。"冰冻三尺,非一日之寒",学生必须从绘画实践中对每一张作品进行解构、重组,再回到表达的初衷,反复实验,锻炼自己的构建能力,最终达到理想目的。这样会更深刻地了解中华文化体系,并体会到学习是终身的事情。"不积跬步,无以至千里;不积小流,无以成江海"正是这种写照。在逻辑思维培养方面,文学与绘画均体现逻辑思维。学生的小结反映学生对主题的选择、合理安排锻炼写作方法和把握论文写作整体观的能力,这对学生而言是一次良好的锻炼机会。而对绘画语言形式的归纳,画面黑、白、灰或色块整合以及对作品整体气韵的把握,同样是在逻辑感性基础层面上的培养,并且这些绘画语言背后的语义信息都是一种前后连贯、有根据、有条理的思维活动,让学生学会概括和揭示事物的本质。课程注重学生判断能力的培养,学生深入生活将会面临着各种挑战,最重要的是对事物"真、善、美"的甄选与辨别,需要一种从潜意识发出的直接审美能力,课程中的这种在现实生活中的实践锻炼,是培养当代学生正确的世界观、人生观的最佳机遇,尤其锻炼了学生对作品辨别与判断的能力,建立正确审美观。在培养创造性与反思能力方面,创新性在美术界和各行业学科都是相当重要的,在美术创作中更是关键一环,必须培养学生在创作中体现创新性。表现在语言上要有创新,要有多种尝试,要有自我批评,要有最后的抉择。在创意观念上,不能落入俗流、不能过激,要渗入文化、体现技艺,使作品具有内涵,尽力做到在探索过程中"三思而行",尝试多种可能性。

"必须坚持系统观念。万事万物是相互联系、相互依存的。"

"写生(1)"课程实践多年,课程特征、实践基地的地域特征与人文特征以及教学本身的育人目的特征三者之间有自然的默契联系,使得课程思政元素与课程内容自然结合,不需要以一种生硬的姿态把两者牵强地关联在一起。但是,所有课程的教学经验都是一点一点地从实践经验中积累起来的,课程离不开有心的教师和用心的学生。课程设计中的每个元素都是有生命的。师生共同给它生命,它就会发芽;为它施肥,它就会开花;给它呵护,它就会结果。课程与师生一起成长,迎接美好的未来。

计算机系统结构

沈文枫

沈文枫,上海大学计算机工程与科学学院副研究员、上海大学 HPC 中心主任。主讲"计算机系统结构""计算机组成与系统结构"等课程,曾获上海市精品课程、上海市教学成果奖一等奖等。著有教材《计算机系统结构(第 4 版)》。参加多项国家级、省部级课题。主要研究领域:计算机系统结构、并行计算、智能计算。

课程名称:计算机系统结构

课程性质:学科基础课

课程学分:4

课程章节:整门课程

"计算机系统结构"课程融入二十大精神的教学思考

举世瞩目的中国共产党第二十次全国代表大会胜利召开,开启了全面建设社会主义现代化国家、全面推进中华民族伟大复兴的征程。党的二十大报告描绘了中国明天的宏伟蓝图。"计算机系统结构"课程从系统层次对计算的发展进行研究,通过对比的方法将党的二十大精神有机融入课堂。

一、需要系统级的规划和大胆细致的执行

党的二十大科学谋划了党和国家事业发展的目标任务和大政方针。这是从国家层面,也就是一个系统的层面进行规划,涉及民生福祉、"一国两制"、国防军队等方面。报告指出:党和人民以巨大的政治勇气全面深化改革,打响改革攻坚战,加强改革顶层设计,敢于突进深水区,敢于啃硬骨头,敢于涉险滩,敢于面对新矛盾新挑战,冲破思想观念束缚,突破利益固化藩篱,坚决破除各方面体制机制弊端,各领域基础性制度框架基本建立,许多领域实现历史性变革、系统性重塑、整体性重构,新一轮党和国家机构改革全面完成,中国特色社会主义制度更加成熟更加定型,国家治理体系和治理能力现代化水平明显提高。

"计算机系统结构"的研究和发展直接决定了计算机研制、发展和应用的道路,这也是系统层面的。"计算机系统结构""计算机组成与系统结构"课程中都涉及计算机系统结构的教学。计算机系统结构的教学要求与国家的方向和发展类似,需要正确地、系统地进行目标规划,大胆和细致地执行,因此也强调改革顶层设计,然后再是各部分的详细设计和实现。而无论是顶层设计还是各部分的详细设计都需要创新,需要冲破思想观念的束缚。计算机系统结构近二十年的发展也处处体现了这一点,从CPU的多核技术发展到云技术,从以纯CPU的计算为主发展到以GPU等加速部件为主的智能计算,都是因为冲破思想观念束缚,甚至在许多计算机领域实现历史性变革,进行了系统性重塑、整体性重构。这样的例子还有很多,例如CPU从SISC发展到RISC,连CPU内部最基本的指

令集都变了,这样的系统性重塑还不彻底吗?而效果也是显著的,CPU 出现了各种类型的产品,应用在社会的各领域,其中大家最有体会的就是智能计算的飞速发展。诸多发展都是因为冲破思想观念束缚才能实现,这些内容是非常有必要融入课堂的。

二、推动绿色发展,促进和谐共生

党的二十大报告中指出:大自然是人类赖以生存发展的基本条件。尊重自然、顺应自然、保护自然,是全面建设社会主义现代化国家的内在要求。必须牢固树立和践行绿水青山就是金山银山的理念,站在人与自然和谐共生的高度谋划发展。我们要推进美丽中国建设,坚持山水林田湖草沙一体化保护和系统治理,统筹产业结构调整、污染治理、生态保护,应对气候变化,协同推进降碳、减污、扩绿、增长,推进生态优先、节约集约、绿色低碳发展。

计算机系统结构的研究和发展也需要密切注意这些方面。无论从单机还是多机的角度都需要推动绿色发展、需要节能降耗,减少系统运营的开销和噪声对环境的污染。但是这些因素会影响计算机的性能,为了获得更高的性能,就需要提高 CPU 主频、提高电压。这是一对矛盾,需要辩证地全盘地从系统级的角度看问题,需要和谐共生、共同发展。现在人们更多地使用在线的计算机资源,这些资源通常都以云计算的方式提供服务。云计算平台机器数量庞大,能耗极高。能耗也是云计算厂商的主要成本之一。云计算的优势在于能够利用虚拟化等技术提高资源的利用率、减少物理服务器的数量,从而达到大大降低运营成本的目的。从硬件和配套设施的角度分析,云计算数据中心节能技术需要考虑机房选址、IT 设备选型、电源系统优化、制冷系统设计、应用场景的选择等多方面因素;从资源整合和任务调度的角度分析,需要合理预测负载大小、研究低能耗资源配置算法、建立合理的任务调度策略、有效提高云数据中心的节点利用率、完善数据部署机制等。随着智能计算的发展,智能计算也应用到了云计算平台的管理中。云计算平台中有大量的参数需要通过动态调节来实现高效计算。这些复杂的工作不适合人工处理,需要运用人工智能的方法来调优。绿色节能技术已经成为云计算中必不可少的技术,未来越来越多的节能技术还会被引入云计算。这些节能技术在支持科研和社会需求的大规模计算的同时,实现了节约集约、绿色低碳发展,做到了和谐共生,共同发展。这些与党的二十大报告中的内容完全吻合,可以融入课堂,并说明其中的辩证关系。

三、加快构建新发展格局,着力推动高质量发展

党的二十大报告指出:高质量发展是全面建设社会主义现代化国家的首要任务,要加快构建新发展格局,着力推动高质量发展。同时,报告也指出教育、科技、人才是全面建设社会主义现代化国家的基础性、战略性支撑。必须坚持科技是第一生产力、人才是第一资源、创新是第一动力,深入实施科教兴国战略、人才强国战略、创新驱动发展战略,开辟发展新领域新赛道,不断塑造发展新动能新优势。

这提醒我们需要注重人才培养,在将党的二十大精神融入课堂教学内容的同时还需将党的二十大精神运用在人才培养的过程中,加快构建人才培养的新发展格局,着力推动高质量发展。系统结构类课程教学因为涉及面广,知识点众多,理论性很强,教学难度较大。随着我国国民经济的发展,国家对高层次人才特别是研究生的需求倍增,国家对教育的投入也不断增加。人民的生活水平这些年得到大大改善,手机、电脑等电子设备早已普及,网络等基础设施不断升级,网费低廉,带动包括教育在内的很多产业的发展。社会对教育的认识提高,对教学提出了更高的要求,课外教育如雨后春笋般发展起来,成为学校教育以外的有效补充,对社会发展起到一定的推动作用。需要注意的是,这些也在悄然地改变教学的态势,使教与学的矛盾不断凸显。如学生上课不认真,学习愿望不强烈,经常手捧着电脑或手机。这是由于随着生活条件的改善,希望通过学习改变命运的需求没有以前强烈了;以课堂教学为主的学习模式已被网上众多的学习方式悄然改变,网上有大量的免费和收费的书籍资料,而且在不断累积和丰富,视频教学课程使学生获取知识的途径多样化和便捷化,学校教学不是唯一的选择。但是校内教学又是不可替代的,毕竟校外教学存在碎片化、缺乏系统化的缺点。

以往的填鸭式教学通过黑板或投屏的单一教学模式显然已经难以适应快速变化的社会和外界各种丰富的媒体。因此必须运用党的二十大精神,构建人才培养的新发展格局,突破既有人才培养方式,构建多元化教学模式,着力推动高质量发展。其中,研讨是一种很好的培养学生能力的方法,可以开阔学生的视

野,锻炼学生解决问题和团队合作及交流的能力。这样的毕业生走上工作岗位后能迅速适应各种变化,满足社会需要。但是研讨课的教学难度较大,必须有科学的方法指导才能避免研讨成为一种形式,教师也必须有广博的知识面才能把控和引导研讨过程。因此,研讨题必须紧随技术发展的方向,每届学生的研讨题目需要随发展而变化,必须既有先进性,又要能落地实现。同时研讨题目每年都必须有一定变化,紧跟技术和社会需求的发展。整个研讨过程以讨论、研究和互相学习为目标,要求学习资料、软件开放共享。学生必须把实验环境打包上传到统一的共享空间,方便其他学生下载、安装、运行和再现实验过程。学生可以查阅前几届学生留下的学习资料,可以分析、比较。这可以使整个教学过程出现一种良性循环。整个教学过程中教与学、师与生的关系在不断变化中。教师在理论、科技发展的过程和趋势等方面非常清楚,但是对于技术实现细节和新的技术动向方面有时却存在知识短缺。每个团队的学生通过调研、实现和测试掌握了大量知识,并通过研讨进行讲授,这时学生已经成为教师的助手,甚至已成为教师。通过研讨与教师验证、完成企业的研究或者项目,引导学生和企业的结合,促进学生向科研人员甚至工程师的角色转变,即"学生→科研人员→工程师"。通过这些方法可以构建人才培养的新发展格局,突破既有人才培养方式,着力推动高质量发展。

党的二十大的胜利召开,开启了全面建设社会主义现代化国家新征程。通过对比的方法可以让学生更容易理解,教师通过深入学习努力思考,结合专业知识传授与能力培养,将党的二十大精神有机融入课堂,融入教学方法的改革和实施中,才能取得价值引领、铸魂育人的应有效果。

新闻学概论

郝一民

郝一民,上海大学新闻传播学院教授、博士生导师。主讲"新闻学概论""当代传媒与人文精神"等课程,曾获 2022 年首届上海大学课程思政教学设计比赛一等奖。曾主持或参与多项国家级、省部级科研项目,以第一作者或独立作者发表 CSSCI 专业论文数百篇。

课程名称:新闻学概论

课程性质:学科基础课

课程学分:3

课程章节:整门课程

党的二十大精神有机融入"新闻学概论"教学

习近平总书记的"大思政课"理念,拓展了思政教学的空间,进一步推进思政教学常态化、长效化,更有利于凝聚"全党全社会的共识"。而思政融入专业课教学要有可持续性,就应要有整体上的系统性。尤其是党的二十大精神融入专业教学,在新的世界格局和国内外意识形态生态下,必须从深层次破除历史虚无主义,完整赓续伟大建党精神。而高校思政教学要落实"革命文化与课堂教学相结合",就要特别强内容的系统性和完整性。这就要求作为思政教学的党的二十大精神进课堂要达到真学真懂真信的根本方略。

一、多维度把握党史进课堂"系统性"逻辑

本课程特别强调在大思政教学实践中,将党的二十大精神融入专业教学的系统性和完整性。首先,大思政课本身就是一项系统工程,需要制定全面系统的教学方案。而且党的二十大精神的许多新思想、新理念都是成体系的,只有从整体上进行理解和把握,才能深入透彻地领悟其本质和内涵的深层智慧,尤其是要了解中国共产党是如何在苦难中铸就辉煌、在挫折中毅然奋起的历史。通过这些历史的真实力量,才能彰显党的坚毅和强大。尤其要从百年前的贫弱看到我们今天民族和国家"站起来—富起来—强起来"的完整过程,才能更加深刻理解中国共产党的伟大建党精神。而党的二十大精神中,对于这些内容都有系统和丰富的阐发。

例如,关于中国式现代化内涵的系统构成。习近平总书记在党的二十大报告中指出:"中国式现代化,是中国共产党领导的社会主义现代化,既有各国现代化的共同特征,更有基于自己国情的中国特色。"显然,"基于自己国情",无疑指的是植根于中国文化土壤,也必然是以中国优秀传统文化为根基。党的十八大以来,习近平总书记一再强调中华优秀传统文化的创造性转化、创新性发展,并始终坚持把马克思主义基本原理同中国具体实际相结合、同中华优秀传统文化

相结合,这就是中国式现代化的根本特色。毫无疑问,中国式现代化从深层逻辑上与中华民族伟大复兴相融相通,而中国式现代化的第二个百年奋进,也必须坚持以中华民族优秀传统文化为根基和精神动力。

再如,关于"全过程民主"的完整体系。习近平总书记在党的二十大报告中再次阐明要"发展全过程人民民主",并高度肯定"社会主义民主政治的本质属性,是最广泛、最真实、最管用的民主",进一步强调发展全过程人民民主要"保证人民依法实行民主选举、民主协商、民主决策、民主管理、民主监督"。这样的全过程人民民主的五个环节和具体工作程序,前后环环相扣,紧密联系。在每一环节的运行与下一环节的衔接中,都离不开大量的新闻舆论和传播活动。新闻传播可以说贯穿于全过程人民民主的各个方面、各个环节,有着攸关全局的地位和作用。因而,推进全过程人民民主建设有必要从新闻传播维度进行思考,找出推进全过程人民民主整体建设中的新闻舆论和传播活动的短板和不足,并探索服务于全过程全链条全环节的优化方案。

二、把握主线、合理布局,贯通课程灵魂和根本

强调对于党的二十大精神融入课堂教学教育的系统性和完整性,其中还有一个更重要的层面,就是要抓住党的二十大精神的根本和灵魂。不能仅仅满足于把党的二十大精神的各个句段在专业教学中加以引用,而是要真正把党的二十大精神和本质系统关联到专业教学中。

首先是对于建党初心和精神的整体理解。习近平总书记在庆祝中国共产党成立100周年大会上,概括了伟大建党精神内涵,即坚持真理、坚守理想,践行初心、担当使命,不怕牺牲、英勇斗争,对党忠诚、不负人民。而且,习近平总书记不止一次地强调:"一个民族、一个国家,必须知道自己是谁,是从哪里来的,要到哪里去。"这种本源式和脉络性的思考,就是要从历史中追寻中国共产党人的精神之源,把握中国共产党的精神谱系。党的二十大精神融入专业教育及教学,归根到底是从这样的高度和根本精神上传承与弘扬。而在不同课程教学中贯穿党的二十大精神,在课堂上融入党史中可歌可泣的奋斗故事,一定要服务于对伟大建党精神的根本理解和入脑入心。

其次,党的二十大精神融入课堂的大思政教学,是高校教学和素质教育的核

心与根本。一百多年来,中国共产党从无到有、从弱到强、不断从胜利走向新的胜利的伟大实践史和斗争史,就是深刻理解党的二十大精神的形象材料,其中深刻反映了中国共产党在第一个百年奋斗中的光辉历程。只有从这样的高度推进党史和红色文化进课堂,深入透彻领悟中国共产党所走过的百年历程,了解每一个重大历史时期都有坚强的领导核心和党中央的集中统一领导,带领人民从站起来、富起来到强起来的"三次伟大飞跃",才能深切感知中国共产党的先进性与纯洁性,并从中不断汲取伟大精神力量。而在高校的各个不同学科和专业的教学课程中,如何做到党的二十大精神与课堂教学内容相融合,如何实现革命文化与不同专业教学内容有机融合,的确是要加以合理处理和布局的。

当然,这里需要特别说明的一点就是强调党的二十大精神融合课程教学的系统性、整体性并不意味着每门课程都要事无巨细地把党的二十大精神内容讲全讲完整,而是要特别注意从本质上和内在结构性层面把握党的二十大精神的精髓,注重将党的二十大精神与本学科专业知识内容在内在逻辑上自然连接与相融。课程设计时能够宏观深层把握,讲授就能够水到渠成,自然流畅。要注重启发式联想式的整体系统精神引领,将党的二十大精神内容的体系结构深蕴于学科知识的精神层面构成中。这样的要求实际上强调的是教师胸有丘壑,只有对党的二十大精神和本学科的相关性有非常透彻的了解和掌握,才能在教学过程中伸展自如。中国共产党的百年奋斗历程,承载了中国马克思主义者为了在中国建立美好的社会主义社会的过程,其中贯穿了"要为真理而斗争""实事求是"的精神。在历史发展中,中国共产党从追求共产主义真理,到1949年建立中华人民共和国,每个阶段都体现党的路线的正确性和思想的先进性。这样的分析和讲述,都要求其本质上的融合点。这样的融合,就是要做到水到渠成,不能强行灌输;要完整、准确、自然地呈现历史原貌,略加引导即可达到融合目的。

三、学理助力、整体规划,体系化党史进课堂

当前国内外意识形态领域斗争激烈,对于党的二十大精神的整体性和系统性学习,可以提高和增强抵御西方不良观念的免疫力,尤其是准确把握党的二十

大精神的深层内涵和本质,则是传承伟大建党精神的重要前提与根本目标。党的二十大精神进课堂,就应该在整体的课堂教学设计中,将党的二十大精神内容自然融入,系统规划,不能只是在课堂教学过程中临时性加料,乃至每每即兴式引用。计划性是系统性以及持续性教学的重要保证。以下以"新闻学概论"这门课程的整体教学规划为例,展示其将党的二十大精神融入课堂教学的整体规划和基本框架(节选):

章节	标题	主要内容	党的二十大精神融入
第一章	新闻本源	新闻定义 新闻本源 新闻特征	以马克思主义中国化为理论基础,以辩证唯物主义和历史唯物主义解释新闻本源,定义新闻,理解新闻特征。
第二章	新闻真实	新闻媒体公信力 人民群众的信任 主客观统一 全面客观公正 杜绝虚假新闻	强调实事求是、调查研究,坚持中国共产党实事求是的伟大建党精神。
第三章	新闻价值	新闻价值的定义 新闻价值的要素 正确新闻价值取向	以人民为中心是马克思主义新闻观的根本价值,即使在革命战争的艰苦环境中,"一张《新华日报》就是一颗炮弹"。
第四章	新闻媒体	新闻媒体的流变 新闻媒体的类型 媒体融合的发展	开国大典时,《人民日报》等发挥图片和文字传播优势,图文并茂。广播电台采用讲话录音、实况录音报道等形式,声情并茂。新时代互联网发展,新媒体繁荣,媒介融合。
第五章	新闻事业	社会与政治决定新闻事业基本属性 中国社会主义新闻事业的性质与任务,新闻事业管理的原则与机制	我国新闻媒体的社会主义新闻事业性质,持续坚持党管媒体的大量案例。对比西方媒体资本主义性质。
第六章	新闻工作的基本原则和党性方针	新闻工作的党性原则 坚持党性与人民性统一 坚持为人民服务 坚持正宣传为主	习近平总书记强调"党媒姓党"。

续 表

章节	标 题	主 要 内 容	党的二十大精神融入
第七章	新闻宣传	新闻宣传的主要任务 新闻宣传的理念内容 贯彻党和国家路线方针 动员组织群众 新闻宣传与文风 国际传播能力建设	党的新闻工作与宣传任务统一。在不同历史阶段,舆论宣传发挥着组织动员、统一战线、发动群众等方面的特殊功能。
第八章	新闻舆论	坚持正确舆论导向 新闻舆论引导及原则 新闻舆论监督	即使长征途中仍然坚持办报。《红军》《前进》《战士报》等,鼓舞红军战士,传播革命火种。

以上是关于"新闻学概论"教学党的二十大精神融入整体规划和设计,限于篇幅,表格只是概略的表述,当然还要在具体实施中不断创新和调整。很多章节还可以更开阔地阐述与党的二十大精神有关的内容,使教学更加系统。

另外,为了能够把"大思政课"教育进行得更加扎实有效,有条件的学科和专业可以建设一套系统完整的教科书和相应读本配合课堂教学。而这样的配合专业课程的大思政课教材或者辅助教材的编写,一定要重点关注每一种红色文化的独特的价值意蕴,正确把握不同视角的历史本质,才能达到思政学习教育的真正目的,从而真正把握伟大建党精神的真谛,赓续建党精神,不断推动党的二十大精神学习教育向纵深拓展、向实处发力,这对推进中华民族伟大复兴历史进程具有重大意义。

总之,将党的二十大精神有机融入课程教学,完整传承中国共产党人精神谱系,需要高校根据学科和专业特点,编写伟大建党精神融入专业课堂和革命文化思政教育的相关教材,这样的编写,不仅仅是史料的单一整理和叙述,更是把马克思主义同中国具体实践相结合的学理成果。通过深刻领悟党的百年历史中的红色基因与革命精神,强化历史记忆,引导广大青年学生,从学思践悟中坚定理想信念,为努力实现中华民族伟大复兴中国梦贡献学理支撑,真正实现党史进课堂教育的战略目标和任务。

遗 传 学

袁晓君

  袁晓君,上海大学生命科学学院副教授、硕士生导师、副院长。主讲"遗传学""植物与人类文明"等课程,曾获 2022 年首届上海市课程思政教学设计二等奖,首届上海大学课程思政教学设计一等奖;2018 年第三届上海市青年教师教学比赛一等奖、"上海市教学能手"称号;2015 年上海大学第十届青年教师本科课堂教学竞赛一等奖;2017 年上海大学教学成果一等奖;2021 年上海市育才奖;2019 年上海大学教书育人贡献奖。主持或参与多项国家级、省部级科研项目,以第一作者或通讯作者发表 SCI 专业论文十余篇、教改论文 4 篇。

课程名称:遗传学
课程性质:专业基础课
课程学分:4
课程章节:整门课程

培养科学思维能力,提升人文科学素养
——"遗传学"课程的教学设计与思考

党的二十大胜利召开,总结了十年来我们取得的成绩,更指明了全面建设社会主义现代化强国、实现第二个百年奋斗目标,以中国式现代化全面推进中华民族伟大复兴的发展方向。党的二十大报告中指出:"必须坚持科技是第一生产力、人才是第一资源、创新是第一动力。""坚持为党育人、为国育才,全面提高人才自主培养质量。"报告还强调:"育人的根本在于立德。全面贯彻党的教育方针,落实立德树人根本任务,培养德智体美劳全面发展的社会主义建设者和接班人。"

教师肩负着教书育人的重要使命。如何充分发挥课程的教育主战场作用,紧紧围绕"以学生为中心",持续推进课程内涵建设,帮助学生夯实专业基础,提升实践能力和创新意识? 如何在教学中有机融入课程思政理念,让党的二十大精神走进课堂,春风化雨、润物无声地走进学生心中? 这些都是值得深入思考和积极践行的重要问题。以下以"遗传学"课程为例,介绍课程近五年来的建设情况,特别是课程思政建设的教学设计与思考。

一、课程简介和建设历程

"遗传学"课程面向上海大学生物工程专业大三学生开设,本专业获批国家级一流本科专业建设点。作为一门专业基础课核心,通过课程教学,期望能让学生系统掌握遗传学基本原理,能用掌握的专业理论知识解析相关的科学和应用问题,并能进行简单的实验设计,提出问题的解决方案,同时提升自主学习和科学思维能力,具备强烈的爱国敬业精神和人文科学素养。本课程与"生物化学""微生物学""生物工艺学"等其他基础课一起,为学生打下扎实的生物学、工程学理论基础,并与实验实践课紧密结合,共同构建创新人才培养体系。

秉承以学生为中心、以产出为导向持续改进的理念,课程团队近5年对课程进行了全面的建设,其中包括理工类专业课课程思政教育教学路径的探索,并在教学实践中不断优化课程思政体系和教学方法。2019年课程获评上海市重点课程,同年被学校认定为研究型挑战性课程。2022年课程负责人获首届上海市课程思政教学设计二等奖,校级一等奖。2020年底,课程团队录制了30集课程教学视频,用于丰富课程线上教学资源,并已上线智慧树平台。

二、课程思政教学设计与实践

基于学校办学定位和培养全面发展的卓越创新人才总目标,结合本学科的发展和专业特色,作为专业基础课程,"遗传学"立足课程教学目标和质量要求,将培养具有基础科学的研究精神与树立正确人生观和价值观作为思政育人的总目标。

(一) 思政元素和案例设计

基于课程性质和专业内容,在传授专业知识、培养专业能力的基础上,课程团队积极挖掘课程思政元素,梳理了一系列思政案例,构建课程思政案例库,融入各章节的知识点中,更好地激发学生的内生学习动力,全面培养科学精神,比如科学思维、探索创新、严谨治学、坚持真理、全球视野、批判思维、正确科学伦理观等,同时涵养家国情怀,增进文化自信(表1)。

表1 "遗传学"课程思政案例设计

章　节	知识点	案　　例	思政元素
第一章　绪论	遗传学的历史发展	中国古籍中对遗传变异的认识和应用	文化自信
		中国遗传学先驱们的故事	家国情怀、探索创新
		孟德尔在遗传学史上的意义	探索创新、坚持真理
第二章　孟德尔定律	分离规律、独立分配规律	孟德尔的豌豆杂交实验	科学思维、严谨治学
	孟德尔遗传与人类疾病	中国科学家成功培育首例亨廷顿猪	全球视野、探索创新

续　表

章　节	知识点	案　例	思政元素
第三章　遗传的染色体学说	遗传的染色体学说	遗传染色体学说的证明	科学思维、严谨治学
第四章　孟德尔遗传的拓展	显隐性关系的相对性	谈家桢的异色瓢虫鞘翅色斑研究	探索创新、严谨治学、家国情怀
第五章　遗传的分子基础	DNA是遗传物质	DNA是遗传物质的实验证明	科学思维、严谨治学
第六章　性别决定与伴性遗传	基因与性别决定	人类性别决定的复杂多样性	科学思维、探索创新
第七章　连锁交换与连锁分析	连锁与交换	摩尔根及其学生的果蝇杂交实验	科学思维、严谨治学
第八章　细菌和噬菌体的重组和连锁	细菌的杂交	Lederberg接合转化实验；超级细菌的诞生	科学思维、严谨治学
第九章　染色体畸变	异源多倍体	鲍文奎院士研究创造八倍体小黑麦；"中国小麦远缘杂交之父"李振声院士	探索创新、家国情怀
第九章　染色体畸变	同源多倍体	"三倍体毛白杨之父"朱之悌院士	探索创新、家国情怀
第九章　染色体畸变	染色体结构的改变	性连锁平衡致死系列雄蚕新品种的选育及应用	探索创新、科学思维
第十章　基因突变	诱发突变	中国太空育种的最新进展	全球视野、探索创新
第十一章　重组、转座与DNA损伤修复	转座与转座因子	麦克林托克在玉米中发现转座子	科学思维、坚持真理、严谨治学
第十二章　细胞质和遗传	植物雄性不育的遗传机制	袁隆平院士与杂交水稻研究	家国情怀、科学思维、探索创新
第十三章　基因组	人类基因组计划和人类基因组	中国是基因组计划的参与国之一；"中国十万人基因组计划"	探索创新、全球视野
第十三章　基因组	基因组作图和测序	基因检测在各场景的应用	科学伦理、探索创新、批判思维
第十四章　基因表达与调控	真核生物的基因表达调控	"黄金大米"及其构建	探索创新、科学伦理

在首届课程思政教学设计比赛中,课程团队以第十二章第五节"植物雄性不育的遗传机制"作为课程思政教学设计案例进行了介绍。在该节课中,教师向学生深入解析了不同植物雄性不育类型的遗传特点,要求学生掌握质核互作雄性不育的遗传机制,并理解"三系"杂交水稻在生产中的应用,还拓展学习了"两系"杂交水稻及其他杂交水稻的研究进展。根据课程内容,本节设计融入了两个思政点:其一,习近平总书记高度重视粮食安全问题,在党的二十大报告中再次强调,要全方位夯实粮食安全根基,确保中国人的饭碗牢牢端在自己手中。鼓励学生认真学习,学以致用,科技创新,为国效力,造福人类。其二,"人就像种子,要做一粒好种子",通过"三系"杂交的研究推广历程,感受袁隆平院士的高尚人格,学习他吃苦耐劳、不畏挫折、严谨治学、勤于思考、挑战权威、勇于创新的科学精神。

(二)课程思政的教学组织

基于不同思政内容的特点,采用灵活的教学方式,科学适切地融入课堂教学全过程,形成课内课外、线上线下联动的教学模式。比如,课堂上教师讲解、短视频观看、组织分享交流;课后学生线上拓展阅读、查找资料、完成作业;在考试作业中,教师也会适当融入一些含思政元素的案例。教师用合适的方式传递"思政",让学生自己感悟专业知识背后的"思政",从而提升学习的兴趣和效果。

在参赛案例中,教师在课堂上主要采用提问引导、归纳总结的方式,传授专业理论知识,并组织学生一起观看关于袁隆平科研故事的短视频,让学生更直观地了解杂交水稻的研究历程以及对中国、对世界粮食安全的重要意义;还层层递进,不断提出新问题、引出新进展,激发学生科学思维,拓宽科学视野。同时,教师利用超星教学平台,在课后给学生布置能对课堂内容举一反三的思考题,并给学有余力的学生提供多篇最新的前沿研究论文作为拓展学习资料。

(三)成效评价与持续改进

课程思政建设需要教师从多维度进行思政成效评价,包括学业评价、学生评教、专家评教、问卷调查等,从反馈中不断总结经验,发现问题,并通过课程团队研讨、向专家请教、参加培训交流等方式,不断改进教学内容和方法,更好地达成"知识传授、能力培养、价值塑造"的课程育人目标(图1)。

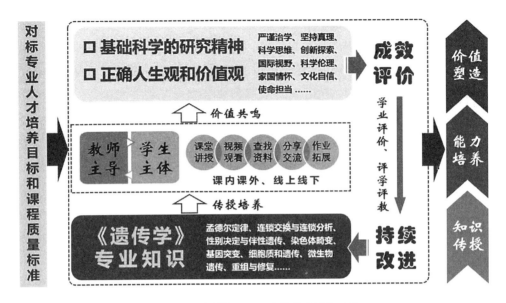

图1 "遗传学"课程思政教学设计和理念

三、课程思政教学的思考

通过多年的思考和实践,本课程在课程思政建设方面取得了一些成效。以下作简单的总结,不足之处将在后续的教学中持续完善。

(一)优化课程知识结构,系统挖掘思政元素

作为理工类专业基础课,向学生系统传授理论知识,打下扎实专业基础是本课程最根本的育人目标。因此在进行课程思政建设时,教师首先必须要对课程内容有全面且深刻的理解,紧密结合国家形势与学科前沿,挖掘梳理知识点背后的思政元素,自然融入各个章节,构建课程思政体系。

(二)构建课程的案例库,激发学生内生共鸣

在课程思政教学设计时,教师要综合考虑学生学情、思政元素特点以及授课时间等因素,采取最合适的切入方式。案例引导是课程思政最有效的方式之一,不作简单说教,通过具体案例,引发学生思考共鸣。同时,课程思政案例的设计

要关注历史感、现实感和未来感的融合,关注知识、能力和情感的融合。

(三)采用多元教学方式,提升育人效率效果

课程充分利用现代信息技术,采用线上线下、课内课外联动模式,加强课程互动研讨,充分调动学生学习兴趣,提升教学效率和效果。比如,通过课堂解析经典研究/实验的推导过程,重温经典,加深学生对科学思维的理解体验;通过让学生课前查找最新研究进展/社会热点,组织课堂或教学平台上的分享讨论,拓宽国际视野,关注国家政策,探讨科学伦理;通过观看我国遗传学家的纪录片,感受家国情怀,树立使命担当。

习近平新时代中国特色社会主义思想概论

张青子衿

张青子衿,上海大学马克思主义学院讲师,上海大学学习贯彻党的二十大精神宣讲团成员,教育部课程思政教学研究示范中心(上海大学)特聘研究员。从事马克思主义理论研究、思想政治教育研究,发表CSSCI文章多篇,主持上海市人民政府决策咨询课题(教育政策专项)"'大思政课'建设综合实验区的体系研究"等。

课程名称:习近平新时代中国特色社会主义思想概论

课程性质:公共基础课

课程学分:3

课程章节:整门课程

将党的二十大精神及其所内蕴的理论与实践价值展现在课堂之中

党的二十大报告中明确指出,全党要把青年工作作为战略性工作来抓,用党的科学理论武装青年,用党的初心使命感召青年。高校是大学生思想政治教育的主阵地,也是大学生学习领会党的二十大精神的"第一课堂"。在向第二个百年目标奋进的新时代新征程里,高校教师务必要引导青年勇担复兴大任,坚定不移地听党话、跟党走,用党的最新理论武装青年学生。因此,加快推进党的二十大精神融入高校思想政治理论课势在必行。

一、党的二十大精神融入高校思想政治理论课的现状分析

自中国共产党第二十次全国代表大会召开以来,各地纷纷开展了关于党的二十大精神融入高校思想政治理论课的部署安排。以党的二十大报告全文正式发布时间为起点,从 2022 年 10 月 22 日零时至 10 月 29 日零时全网关于"党的二十大进课堂"的相关报道总量为 5 708 条,其中,10 月 25 日 17 时为相关报道出现的峰值。在对部分数据和案例的调研中,总结党的二十大精神融入高校思想政治理论课的具体情况如下:

(一)从融入速度来看,东部和南部地区的教育部门和高校响应速度相对更快

党的二十大召开期间,北京市、上海市、天津市、浙江省、江苏省、福建省、广东省等地的教育部门比较早地启动了党的二十大精神进思想政治理论课的学习教研活动,其中,中国人民大学、南开大学、上海大学等高校于开幕当天就组织了专题学习会,集中讨论党的二十大精神融入思想政治理论课的方法举措。北部和中西部地区中,新疆大学率先举办相关学习活动,第一时间把党的二十大精神

送进课堂。党的二十大报告全文发布后,各省市、高校随即启动集体备课会,研究制定党的二十大精神进课堂的具体方案,如北京市召开党的二十大精神进课堂学习研讨暨大中小学思政课教师集体备课会、上海市全面启动党的二十大精神融入思想政治理论课集体备课会、山东省教育厅召开党组扩大会议研究党的二十大精神进课堂、进教材、进头脑等。截至2022年10月31日零时,全国范围内已陆续启动并开展了关于党的二十大精神融入思想政治理论课的相关工作。

(二)从融入程度来看,中央部委直属高校和省属高校融入程度相对更高

在对数据的追踪调研中发现,部分地区和高校对党的二十大精神的学习是持续且深入的,呈现"集体共学、专业融学、持续深学"的良好氛围。清华大学、北京大学、复旦大学、上海交通大学、中国人民大学、南开大学等在内的中央部委直属高校和省属高校已着手制定党的二十大精神融入思想政治理论课的实施方案。北京市、上海市、山东省等更是启动省(市)一级的集体备课会以推进地区高校的联动学习。

(三)从融入形式来看,对党的二十大精神的宣讲是重点,其中主题学习会和集体备课会为主要承载形式

黑龙江省委书记、省人大常委会主任许勤赴哈尔滨医科大学宣讲党的二十大精神;北京大学、清华大学、复旦大学等高校党委书记带头传达党的二十大精神并召开主题学习活动;中共中央党校(国家行政学院)、中国人民大学、南开大学、新疆大学、上海大学等高校相继召开集体备课会,交流听取思政课教学一线工作经验,研究制定党的二十大精神融入思想政治理论课的具体方案。此外,多所高校在第一时间开展了实践研学活动,如北京大学、清华大学、南开大学等全国首批9所重点马克思主义学院联合召开"共庆二十大 奋进新时代"青年学子联学活动,复旦大学召开红色巴士研学实践"党的二十大精神学习专线"活动等。

二、党的二十大精神融入高校思想政治理论课的现实困境

尽管各地教育部门和高校已经陆续开展了关于党的二十大精神融入思想政

治理论课的具体工作,但在融入广度、融入力度、融入形式上仍存在不平衡、不充分问题。

(一)在融入广度上,地方高等院校、高职高专院校等关于党的二十大精神学习有待加强

通过数据搜集和分析发现,少数地区的地方高等院校和大部分高职高专院校尚未开展关于党的二十大精神学习活动,或已开展如"集体观看党的二十大开幕会""学习党的二十大报告精神"等相关活动,但没有进行持续性的跟进学习和有计划的推进学习,导致对党的二十大精神学习浮于表面,出现"两张皮"现象,融入工作后劲不足。

(二)在融入力度上,高校普遍重视"4+1+1"本科生学段思想政治理论课的建设,对研究生学段课程的融入意识不强

通过对相关案例的深入研究发现,多数高校开展的集中备课会主要针对的是本科生思想政治理论课程,即"马克思主义基本原理概论""毛泽东思想和中国特色社会主义概论""中国近现代史纲要""思想道德修养和法律基础"以及"形势与政策"和"习近平新时代中国特色社会主义思想概论"(部分高校开设)。但是,在对研究生思想政治理论课程的建设中,尚未形成比较完善且具针对性的备课方案,或未根据研究生的学段特征制订适切的备课计划,融入范围不够全面,指向性不足。

(三)在融入形式上,以集体性的"软灌输"为主,缺乏有针对性的思想政治教育活动

在对各高校已经实施开展的相关工作的分析中发现,大多数高校更重视对"第一课堂"的建设工作,比如各地高校相继开展的关于党的二十大精神融入思想政治理论课集体备课会等。但是,尚未形成关于党的二十大精神融入"第二课堂"的具体实施方案,更未形成系统成熟的关于党的二十大精神融入"第一课堂"和"第二课堂"的协同育人机制设计。与此同时,围绕党的二十大精神开展的其他思想政治教育活动较少,且形式单一,很难真正让学生"入脑、入心、入行",总体成效欠佳。

三、党的二十大精神融入高校思想政治理论课的思考与研判

2022年10月29日,《中共中央关于认真学习宣传贯彻党的二十大精神的决定》颁布,为高校学习领会党的二十大精神指引了方向。以此为依据,党的二十大精神融入高校思想政治理论课的具体对策可从以下三个方面展开:

(一) 要进一步加强党的二十大精神融入高校思想政治理论课的广度和深度

一是要全面推进党的二十大精神集中培训工作。中宣部、教育部联合人民出版社、中共党史出版社、学习出版社、党建读物出版社,联合出版《党的二十大报告辅导读本》《党的二十大报告学习辅导百问》等学习材料。各地区、高校选调优秀思想政治理论课教师赴北京集中学习培训,或通过全国高校思政课教师网络集体备课平台开展集中备课。二是要全方位推动党的二十大精神融入高校思想政治理论课课程体系建设。围绕党的二十大精神,有重点、有步骤、有计划地展开对高校思想政治理论课体系的优化完善,加快制定党的二十大精神融入高校思想政治理论课实施方案。马克思主义学院党委、理论研究专家应牵头各教研室针对课程特点定期召开备课研讨会,针对本科生和研究生的不同学段特征设计党的二十大精神融入思想政治理论课程教学方案。挖掘一批课堂教学能手、培养一批教学研究骨干、推出一批"党的二十大精神"系列主题课程等。三是要发挥典型做法的示范引领作用。注重挖掘各高校加强党的二十大精神融入思想政治理论课的优秀做法和教学案例,尤其注重发挥中央部委直属高校、省属高校以及全国重点马克思主义学院的示范引领作用,努力带动地方高校尤其是高职院校开展学习党的二十大精神系列活动,推动地区间"学习共同体"的形成。

(二) 要进一步创新党的二十大精神融入高校思想政治理论课的形式和方法

一是创新课程教学团队构成。借助高校资源培养一批理论宣讲骨干进课堂,以"项链模式"邀请行业带头人、优秀学生、专家教授等做专题分享,在对党的

二十大精神的分析中进一步增进大学生对中国式现代化道路的理解。二是要充分发挥"第一课堂"和"第二课堂"的联动作用。依托专家队伍和地区场馆建立"党的二十大精神"系列主题课程和专题讲座，依托地方资源建立一批"党的二十大精神"实践基地，依托校企合作搭建一批"党的二十大精神"研学平台等，拓展、延伸思想政治理论课教学场景，以形成"第一课堂"与"第二课堂"互融、互补、互动的良性关系。三是要借助新兴技术增强党的二十大精神融入思想政治理论课的吸引力和感染力。借助线上教学平台建立"党的二十大精神专题网络课程资源库"。通过学习强国、微博等新媒体平台推出一批线上"微党课"。依托技术团队研发党的二十大精神学习"元宇宙"空间。以主题动漫、宣讲视频、问答游戏、红色电影等学生喜闻乐见的方式在潜移默化中加深大学生对党的二十大精神的学习领会。

（三）应在夯实思想政治理论课"主阵地"的同时，全面推进党的二十大精神融入高校"大思政课"体系的建设布局之中

一是应多层次、集中性开展党的二十大精神宣讲活动。邀请各省市主要领导干部、行业领军人物进课堂宣讲党的二十大精神。校党委书记带头备课，全校范围内举办"共上一门思政课"活动。马克思主义学院牵头推出一批宣讲课程，赴各院系开展专题宣讲等。二是应有计划地推动党的二十大精神融入高校课程思政体系建设。思想政治理论课不是思想政治教育的唯一渠道，高校更应重视把党的二十大精神融入高校课程思政体系的建设之中，鼓励专业教师结合研究所长把思政之"盐"融入课程之"水"中，推动全员全过程全方位育人大格局的形成。三是应在校园内营造学习宣传贯彻党的二十大精神良好氛围。以讲促学，孵化一支可服务校内和周边社区、驻区单位的党的二十大精神博士生理论宣讲团。以赛促学，围绕党的二十大精神举办包括知识竞赛、演讲比赛、微党课竞赛、摄影比赛、定向越野比赛等在内的校园文体活动。以展促学，收集整理比赛作品，举办"党的二十大精神系列主题展"，集中展示学生眼中的"新时代"，进一步增强党的二十大精神入脑、入心、入行。

本文系上海市人民政府决策咨询教育政策专项"'大思政课'建设综合实验区的体系研究"（2022-Z-R10）阶段性成果

中华文化与传播

张丽华

张丽华,上海大学国际教育学院讲师。主讲"中华文化与传播"课程,曾获上海大学教师教学创新大赛三等奖。发表论文和专业文章十余篇。主要研究领域:中华文化传播、汉语二语教学。

课程名:中华文化与传播

课程性质:研究生核心学位课

课程学分:3

课程章节:第4章至第7章

立足当代中国　讲好中国故事
——"中华文化与传播"教学改革思考

"中华文化与传播"是汉语国际教育硕士专业的核心学位课程,旨在培养学生的中华文明国际传播能力。为实现课程目标,教师必须时刻关注国家对外文化传播战略的新形势、新任务。党的二十大报告中关于此领域的新论述主要有两点:

其一,将"中华文化传播"改为"中华文明传播"。在概念上,"文明"比"文化"更具包容性和适应性。一字之别,党的二十大报告将中华优秀传统文化提到前所未有的高度。同时,党的二十大报告也对增强中华文明传播力影响力提出了明确要求:坚守中华文化立场,提炼展示中华文明的精神标识和文化精髓,加快构建中国话语和中国叙事体系,讲好中国故事、传播好中国声音,展现可信、可爱、可敬的中国形象。加强国际传播能力建设,全面提升国际传播效能,形成同我国综合国力和国际地位相匹配的国际话语权。深化文明交流互鉴,推动中华文化更好走向世界。

其二,明确提炼出中华文明的精神标识和文化精髓的内容。党的二十大报告明确指出:中华优秀传统文化源远流长、博大精深,是中华文明的智慧结晶,其中蕴含的天下为公、民为邦本、为政以德、革故鼎新、任人唯贤、天人合一、自强不息、厚德载物、讲信修睦、亲仁善邻等,是中国人民在长期生产生活中积累的宇宙观、天下观、社会观、道德观的重要体现,同科学社会主义价值观主张具有高度契合性。这段话可以看作是中华文明精神标识和文化精髓的精准提炼。不可否认,孔子学院自成立以来,在中华文化国际传播方面已取得了一些成就,但这些成就更多地局限于中华文化物质标识的传播上,而真正能够打动人心的精神标识、价值标识的传播还可以进一步加强。在已取得的成就的基础上,我们应该再接再厉,推动中华文明传播有质的飞跃。党的二十大报告已经为我们指明了前进的方向。新形势、新任务使我们产生了时不我待的紧迫感。因此,课程设想以中华文明精神标识为核心,以"理解当代中国"教材为抓手,立足当代,融通古今,将党的二十大报告精神融入课程,对"中华文化与传播"课程进行课程改革,选择其中四讲的内容进行教改试验。具体做法如下:

一、以中华文明精神标识为核心,深化中华文化教学

在本课程教改中,计划将中华文化分为宇宙观、天下观、社会观三个维度,选取中华文明的八个精神标识与之一一对应,宇宙观包括天人合一、自强不息、厚德载物;天下观包括天下为公、讲信修睦、亲仁善邻;社会观包括民为邦本、革故鼎新。我们将从原典入手,对这八个精神标识进行解读,讲解其产生的具体语境,梳理其历史发展脉络,以点带面,对中华文明的独特精神气质进行深入分析,以此加深学生对中华文明的理解,增强文化自信。

二、立足当代中国,讲好中国故事

理解中华传统文化,是为了更好地理解当代中国。讲好中国故事,重点是讲好当代中国故事。因此,本课程将立足当代中国,融通古今,向学生展示真实、全面、立体的中国。2022年9月教育部主持编写了"理解当代中国"多语种系列教材,其中包括国际中文系列教材。本课程将以该教材为抓手,将当代中国社会话题与中华文明精神标识进行一一对应,从讲历史,迭代到讲现在、讲未来。其中,"天人合一"与生态文明建设、"两山"理论相对应;"自强不息"与中国共产党的百年奋斗史相对应;"厚德载物"与文明互鉴、合作共赢相对应;"天下为公"与中国梦、"一带一路"、人类命运共同体相对应;"讲信修睦""亲仁善邻"与和谐发展观相对应;"民为邦本"与脱贫攻坚、教育变革相对应;"革故鼎新"与科技创新、"中国智造"相对应;文化传承与创新相对应。这些对应关系一方面可以加深学生对中国作为文明型国家崛起的必然性的理解,另一方面可以全面拓展学生对当代中国国情认识的深度和广度,为讲好中国故事打下坚实的基础。

三、提高学生讲好中国故事的实践力

教师从当代中国话题中提炼出适合对外传播的中国故事,确定故事应包含

的要素,并提供相应的资源,学生则发挥主观能动性和创造力,以故事要素为核心,根据传播对象,选择适当的"叙述方式",将材料重新组织安排,讲好中国故事。这一训练过程是对学生进行"遣词(选择中华文明精神标识)—造句(构建话语体系、故事体系)—编织故事(讲好中国故事、传播好中国声音)—塑造形象(塑造可信、可爱、可敬的中国形象)"的讲故事实践能力的训练。同时,教师还将对学生进行文化传播技巧的训练,从共通性、共情性、普遍性为出发点,将中国故事从本土性、区域性提升至全球性,将中华文明精神标识落实到当代价值、世界意义上。

四、增强对外文化传播的亲和力和实效性

习近平总书记指出,在构建对外传播话语体系方面,要在乐于接受和易于理解上下功夫,采用贴近不同区域、不同国家、不同群体受众的精准传播方式,推进中国故事和中国声音的全球化表达、区域化表达、分众化表达。汉语国际教育硕士专业的学生面对的海外受众一般是同龄的大学生。因此,本课程将在来华留学生中展开调查,了解他们对当代中国的所思所想。在此基础上,对学生进行有针对性的话语构建能力训练,让受众听得懂也听得进去,增强国际传播的亲和力和实效性。

"中华文化与传播"课程第 4 至第 7 章教学计划表

中华文明维度	中华文明精神标识	当代中国话题	中国故事及故事重点	资　源
宇宙观	天人合一	生态文明建设、"两山"理论	1. 绿水青山,就是金山银山 要点:"两山"理论的由来及其对中国经济发展模式的影响	1.《共谋绿色生活,共建美丽家园》(《习近平谈治国理政(第三卷)》) 2. 纪录片:《我们走在大路上》第19集"绿水青山就是金山银山"、《一路"象"北》、《大漠绿色梦》第2集"赛罕坝奇迹"、《源味中国》第6集"守护"
	自强不息	中国共产党的百年奋斗史	2. 没有共产党,就没有新中国	中国共产党国际形象网宣片《CPC》

续 表

中华文明维度	中华文明精神标识	当代中国话题	中国故事及故事重点	资源
宇宙观	厚德载物	文明互鉴、合作共赢	3."一带一路" 要点:"一带一路"已取得的成就、世界各国对"一带一路"的评价。	1.《在亚欧大陆架起一座友谊和合作之桥》《弘扬丝路精神,深化中阿合作》(《习近平谈治国理政(第一卷)》)《中国开放的大门只会越来越大》(《习近平谈治国理政(第三卷)》) 2. 乐黛云:《中国文化与世界文化》(北京出版社2020年版) 3. 杨慧玲:《文明互鉴——世界著名汉学家访谈录》(大象出版社2021年版) 4. 邱捷、夏沃:《陌生人马可:意大利与中国的古今丝路》(广西师范大学出版社2021年版) 5. 纪录片:《西去东来》《当卢浮宫遇见紫禁城》《从长安到罗马》《海上来客》 6. 视频:水墨动画讲述"一带一路"的老故事、"一带一路"五通看投资
天下观	天下为公 讲信修睦 亲仁善邻	中国梦、和谐发展观、人类命运共同体	4. 中国梦 要点:中国梦是什么?中国梦带给世界的是什么?	1.《在实现中国梦的生动实践中放飞青春梦想》《实现中华民族伟大复兴是中华民族近代以来最伟大的梦想》(《习近平谈治国理政(第一卷)》) 2. 微纪录片:《中国梦365个故事》 3. "读懂中国·新青年看中国"中外短视频作品
社会观	民为邦本	脱贫攻坚、教育变革	5. 人类减贫的中国实践 要点:中国脱贫工作的历史、中国脱贫经验对世界减贫工作的贡献。	1.《全面打好脱贫攻坚战》(《习近平谈治国理政(第三卷)》) 2. 纪录片:《中国减贫密码》《茶米油盐之上》 3. 电视剧:《山海情》
			6. 中国教育 要点:中国教育的现状及改革方向	视频:"高等教育自学:考试打破一考定终身""补足教育短板:上学不再爬悬梯,吃水不再靠下雨"

续 表

中华文明维度	中华文明精神标识	当代中国话题	中国故事及故事重点	资 源
社会观	革故鼎新	科技创新、中国"智造"、文化传承与创新	7. "中国智造" 要点：中国科技在哪些领域居于世界先进行列？如何促进"中国制造"向"中国智造"转化？中国科技创新如何惠及全人类发展？	1.《努力成为世界主要科学中心和创新高地》(《习近平谈治国理政(第三卷)》) 2. 视频：北京冬奥会智能化科技服务、中国 AI 技术改善人民生活(来自王德中 Cyrus 视频号)
			8. 中国传统文化的现代化 要点：中国是如何实现文化传承与创新并举的？	1. 习近平主席在敦煌研究院座谈会上的讲话 2. 视频：跟着习主席看世界：不要把中国五千年的文明文化搞丢了；让世界听懂京剧；冬奥赛场内外，外国运动员为中国文化着迷 3. 纪录片：《百年巨匠》

品 牌 研 究

孟令光

  孟令光,博士,上海大学新闻传播学院讲师、硕士生导师、广告系教工党支部书记。兼任上海广告研究院研究员、中国新闻史学会中国新闻史学会广告与传媒发展史专业委员会理事、副秘书长。主讲"品牌研究""广告创意产业研究"等课程。主持上海社科基金项目1项,参与国家社科基金项目1项。作为核心成员参与"上海广告产业发展'十四五'规划"课题和"数字广告标准体系建设"等项目,在行业核心期刊发表多篇论文。主要研究领域:新媒体广告与品牌传播。

课程名称:品牌研究

课程性质:专业选修课(新闻与传播专业硕士)

课程学分:4

课程章节:第一章第四节

服务品牌强国战略 助力大国品牌崛起

"品牌研究"课程是上海大学新闻传播学院针对新闻与传播专业硕士开设的一门专业选修课，旨在帮助学生掌握品牌创建和品牌传播的前沿理论和方法，探究我国自主品牌在新时代实现崛起的策略和路径，培养具有家国情怀、国际视野、能担当时代重任的卓越品牌传播人才，服务品牌强国战略，助力大国品牌崛起。

一、党的二十大精神融入"品牌研究"课的三大内容结合点

党的二十大报告为"品牌研究"课程思政建设提供了丰富的内容素材和理论指导。结合"品牌研究"专业课程的特点，将党的二十大精神融入课程可从以下三个方面入手。

（一）以"服务品牌强国战略，助力大国品牌崛起"为课程总目标

党的二十大明确了中国共产党的中心任务是以中国式现代化全面推进中华民族伟大复兴；而高质量发展是全面建设社会主义现代化国家的首要任务；我国将加快建设制造强国与质量强国；推动中国制造向中国创造转变，中国速度向中国质量转变，中国产品向中国品牌转变；新时代青年是中华民族伟大复兴的先锋力量。经过课程研讨，让学生深刻认识到，品牌是中国经济高质量发展的重要象征，也是质量强国的内在支撑；作为新时代的一名新闻传播专业研究生，要以实现中华民族伟大复兴为己任，坚定理想信念，树立新发展理念和质量意识，做一名具有国际视野和家国情怀的品牌传播人才，为大国品牌崛起贡献力量。

（二）以"讲好中国品牌故事"作为授课主要方式

党的二十大明确提出，要增强中华文明传播力影响力，坚守中华文化立场，

讲好中国故事、传播好中国声音，展现可信、可爱、可敬的中国形象，推动中华文化更好走向世界。品牌在一定程度上代表着国家的形象，对形成文化自觉和文化自信而言尤为重要。中国品牌故事是中国故事的重要组成部分，讲好中国品牌故事也是讲好中国故事的重要方式。"品牌研究"课程团队强化实战案例教学，通过向学生讲授各行业领导品牌的成长历程和品牌创始人的创业故事，传扬"胸怀祖国、诚实守信、勇于创新、敢于担当"的企业家精神，显著提升学生讲好中国品牌故事的能力。

(三) 以"增强中国品牌国际传播能力"作为授课重点

党的二十大明确提出，要加强国际传播能力建设，全面提升国际传播效能，形成同我国综合国力和国际地位相匹配的国际话语权。品牌是衡量一个国家国际竞争力的重要指标之一，更是国家形象的重要载体。中国品牌的国际传播是中国国际传播的重要组成部分。"品牌研究"课程把增强中国品牌国际传播能力作为授课的重点，培养学生的探索精神和创新能力，全面提升中国品牌国际传播效能，助力更多优秀的中国品牌行稳致远，走出国门，成为具有世界影响力的大国品牌。

二、党的二十大精神融入"品牌研究"课的六种实践路径

(一) 党的二十大精神融入公开课

2022年12月2日在讲授"品牌研究"第一章第四节时，以"服务品牌强国战略 助力大国品牌崛起"为主题组织了公开课，使学生充分认识到其作为新时代的一名新闻传播专业研究生应承担的时代重任和历史使命，引导学生树立正确的世界观和价值观，服务我国"品牌强国"战略和上海"四大品牌"建设。通过组织讨论"中国品牌日"标志丰富的文化内涵，引导学生深刻理解中国设立国家品牌日的时代背景和实施"品牌强国战略"的重大意义。

(二) 党的二十大精神融入案例教学

其一，授课老师梳理了教学案例"品牌年轻化战略：国货之光——波司登的

崛起之路"并参加第二届全国新闻与传播专业学位优秀教学案例评选活动。该教学案例以民族品牌波司登为例,总结了该品牌的国际化、时尚化和年轻化建设之路,讲授了波司登品牌创始人、资深党员高德康感人的创业故事,使学生深刻体会其宝贵的企业家精神和家国情怀。其二,邀请云南白药、科大讯飞、爱奇艺三家知名品牌的负责人走进课堂,分享中国民族品牌的崛起历程和国际传播案例。其三,要求学生深入研究一个有代表的中国品牌案例,在课堂上分享该品牌的成长历程和企业家的创业故事。

(三)党的二十大精神融入国家社科申报

课程团队将教学与科研有机衔接,围绕如何提升中国品牌国家传播能力建设这一研究热点,2023年拟围绕"智媒时代中国自主品牌国际传播能力建设研究",实现教学与科研之间相互促进,互为支撑。课程团队带领部分学生参与课题研究,搜集整理相关文献资料。

(四)党的二十大精神融入决策咨询服务

围绕中国品牌国际传播能力建设,组织学生完成咨询专报,为政府决策提供可借鉴的策略方案。卡塔尔足球世界杯期间,撰写咨询专报,重点关注海外媒体对中国品牌赞助世界杯的报道反响,并对中国品牌利用体育赛事提升国际传播能力提出具体策略建议。

(五)党的二十大精神融入课程理论创新

带领学生完成三篇高质量学术论文,丰富了中国品牌国际传播理论研究:《中国自主品牌崛起的机遇挑战、关键要素与核心策略》《智媒时代中国自主品牌国际传播能力提升策略探究》《世界杯赋能中国品牌国际传播:实践历程、现实困境与重构策略》。这些阶段性理论研究成果进一步丰富了课程的内容体系和思政元素。

(六)党的二十大精神融入课程考核体系

课程考核体系重点考查学生的品牌思维、探索精神、创新能力和家国情怀。期末考核要求每位学生围绕指定的研究方向撰写高水平论文,具体包括:中国品牌国际传播能力建设提升研究;中国自主品牌崛起的机遇、挑战与应对策略;

中国老字号品牌年轻化战略研究等。平时考核要求学生在课堂上分享一个优秀中国品牌崛起的案例,把能否讲好中国品牌故事作为考查重点。

三、党的二十大精神融入"品牌研究"课的效果反馈

将党的二十大精神有机融入专业课程的难点是如何在讲授专业理论知识的过程中找到契合的内容,并通过灵活多样的授课形式和渠道,在学生内心深处引起共鸣,达成共识。通过组织学生课堂研讨、案例研究、课题申报、论文撰写、决策服务等形式,"品牌研究"课程团队将党的二十大精神有机融入教学具体实践中,基本实现了润智入心、培根铸魂、润物无声的教学效果。

陈同学:老师在课程中以"服务品牌强国战略,助力自主品牌崛起"为线索串连起整个课程。对于中国自主品牌来说,应以品牌建设为统领,奋力推进品牌高质量发展,为强大中国产业、建设品牌强国作出更大贡献,广泛凝聚品牌建设的强大力量,不断开创品牌建设新局面。

巫同学:一个好的自主品牌不仅能够为社会的发展解决实际问题,更能在国际层面上展示国家的文化与内涵。作为一名专业对口的新时代青年,我们更应该运用自己的专业知识,以实现中华民族伟大复兴为己任,通过助力中国自主品牌的崛起,为打造中国品牌、传播中国声音、推动中华文化发展奉献自己的力量。

周同学:老师通过具体案例,将党的二十大精神融入"品牌研究"课程,向我们讲述了中国自主品牌崛起的背景、关键要素以及意义等内容。通过这堂课,我深刻明白"品牌"亦是国家软实力的重要组成部分。国货品牌在一定程度上承载着我国悠久的文化,也展示了国人的精神面貌,中国自主品牌的崛起意味着文化自信。作为新闻与传播专业的学生,我要学好专业知识,培养专业技能,了解更多中国品牌的故事,为我国的品牌建设贡献自己的力量。

蔡同学:"品牌研究"课程从品牌打造这一要点切入,为我们讲述了品牌强国的发展路径。正如习近平总书记所说,我们要推动中国产品向中国品牌转变。品牌不仅服务于我们本国的人民大众,还是我们对外展现本国形象的名片,我们要将中国智慧融入品牌中,塑造代表中国价值观的品牌。

胡同学:我国正在从中国制造向中国创造、从中国速度向中国质量、从中国

产品向中国品牌的方向坚定前行,已涌现出一批优秀的中国品牌。推动品牌发展要立足创新、追求卓越,在扩大对外开放、积极参与国际公平竞争中锻造品牌,努力提高产品和服务的质量与综合竞争力,使更多中国品牌成为国内外市场值得信赖的选择。

梁同学:将党的二十大精神融入课堂案例教学的形式,让我自然而然地学习和体会国家的发展现状,能更明确自身的学习目标和人生定位。作为新时代新青年和新闻传播学科的学习者,将以党的二十大精神为引领,从自身出发助力中国自主品牌崛起。

近现代美术资源保护与转化

秦瑞丽

秦瑞丽,上海大学上海美术学院副教授、硕士生导师、史论系副主任。主讲"近现代美术资源保护与转化""中国现当代美术史2""美术与人文"课程。"近现代美术资源保护与转化"获评2022年上海大学重点课程,2020年曾获上海市高校类艺术与设计类青年教师教学竞赛三等奖。主持2项上海市哲社项目,参与多项国家社科艺术学重大、重点等国家级、省部级课题,发表论文和专业文章十余篇。主要研究领域:近现代美术、城市文化。

课程名称:近现代美术资源保护与转化

课程性质:专业基础课

课程学分:3

课程章节:导言

文化自信融入美术史论课堂的路径分析
——以"近现代美术资源保护与转化"为例

从党的十九大报告提出"坚定文化自信,推动社会主义文化繁荣兴盛",到党的二十大报告提出"推进文化自信自强,铸就社会主义文化新辉煌",我国文化建设的内涵不断丰富,要求不断深化。习近平总书记指出:"文化自信是一个国家、一个民族发展中最基本、最深沉、最持久的力量。"中华民族伟大复兴既需要强大的经济基础,更需要具有强大凝聚力、向心力、引领力和感召力的共同思想基础,而文化自信自强所产生的精神力量将使亿万中国人民紧紧地团结在一起。

党的二十大精神蕴含着重要的思想政治教育价值,如何及时、准确地向广大青年学生系统讲授党的二十大提出的新思想、新观点、新论断,这对落实立德树人根本任务意义重大。"近现代美术资源保护与转化"课程所在的学科为美术学,是史论系大学本科生的学科基础课、必修课。对于美术史论专业来说,习近平总书记强调的"文化自信"是课程融入党的二十大精神的关键词,结合课程教学实践,本课程拟从课程属性、教学内容以及教育目标等方面进行探讨。

一、归纳课程属性,梳理融入党的二十大精神的内在逻辑

党的二十大提出了一系列新思想、新观点、新论断,在课程思政融入过程中要充分尊重学科差异,保持学科特色,才能保证课程要求不走样、课程教学不偏航。因此,美术史论专业课程要融入党的二十大精神,先要从课程属性入手,梳理融入党的二十大精神的内在逻辑。

"近现代美术资源保护与转化"为美术史论专业大学生三年级下段的专业基础课,为必修课,学分3分,共计30学时。该课程是基于上海美术学院史论、基于现代美术研究团队的科研特色和优势开设,也是国家一流本科美术学专业建设中的特色课程。课程的特色有三:一是课程内容较新,渗透了学术研究的前

沿成果，体现了上海大学美术学学科建设的前沿性和独特性；二是强调社会调查的学习与研究方法，鼓励学生走出课堂，关心身边的"美术资源"状况；三是提升学生的文案策划、多媒体制作等方面的综合能力，储备职业技能。关于课程属性的讨论，本课程负责人在2022年7月参加上海大学课程思政教学设计比赛时广泛收集专家建议，进一步明确课程属性，把"文化自信"作为核心关键词。课程利用近现代美术中丰富的美术资源，将有关体现"江南文化""海派文化""红色文化"等美术资源保护与转化的案例为文化自信自强的引入点。结合近现代美术资源研究的专业特色，结合身边的"红色资源"案例，如学院美术科用学科知识对校史进行深入分析，加深学生对学校校史文化的理解，提升学生对学校的认同感，并引导学生利用所学知识，对美术资源保护与转化中处于弱势的案例进行对策性思考，用实践行动体现思政课程的结果与反馈，提升了学生发现问题、提出问题及解决问题的能力。将党的二十大报告中提出"推进文化自信自强，铸就社会主义文化新辉煌"作为课程育人目标，以报告中提出的"加大文物和文化遗产保护力度，加强城乡建设中历史文化保护传承""构建中国话语和中国叙事体系，讲好中国故事、传播好中国声音，展现可信、可爱、可敬的中国形象"为两条主线，以社会主义核心价值观为引领，发展社会主义先进文化，弘扬革命文化，传承中华优秀传统文化，落实融入课程思政建设的全过程。

二、更新教学内容，聚焦集中体现中国文化自信的案例

课程建设中，教师注重及时将党的理论创新成果和中国特色社会主义伟大实践成果纳入教学内容，并对教学内容进行精心设计；注重课程内容设计的逻辑自洽和内涵延展，做到从教学设计、教学实施到教学效果检验"一盘棋"，以多维的推进举措不断彰显课程的价值属性，做到"课程设计有灵魂、课堂教学有活力"，有效释放美术史论专业课的思政教育功能。

人民日报社社长庹震认为："文化自信是一个民族、一个国家、一个政党对自身文化理想、文化价值的高度信心，对自身文化生命力、文化创造力的高度信心。我们的文化自信是对包括社会主义先进文化、革命文化、中华优秀传统文化在内的中国特色社会主义文化的自信。坚定文化自信是为了实现文化自强，也就是

要增强我国文化软实力、建设社会主义文化强国。"

课程从两个角度来梳理和挖掘体现文化自信自强的元素,更新教学内容。一是通用的元素,即与本课程、本专业、本学校没有必然联系,但属于对于学生有教育意义的因素,比如革命精神、奋斗精神、优秀传统文化、红色文化、历史文化等。从体量宏大的元素中,寻找最能代表文化自信自强的案例,用"美术资源"的学术视角面对这些元素,使本具有"同质化"元素具有"陌生感",有效地吸引学生的注意力,避免"撞车"的尴尬。二是具有特色的育人元素,主要是指与区域文化、本校历史、学科特征、人才培养状况、课程背景有关的因素。以能体现"江南文化""海派文化""红色文化"的美术资源保护与转化案例为教学重点,特别强调与校史结合的案例,以美术作品为中心形成"红色上大"具有特色的校本课程内容,加深上海大学"红色学府"的内涵建设。同时,课程建设将与党史相关的重要历史节点与节庆结合起来,形成相关"红色美术资源""海派美术资源"等特色专题。

三、优化教学设计,提升美术史论学习研究的视野与学术兴趣

在学习方式上,利用美术学专业校外实践基地、校史馆、红色文化纪念场馆等优质资源,丰富教学载体,如程十发艺术馆"海派艺术"传承、"中共一大会址纪念馆"美术资源等内容,直观体悟"文化自信自强"的当代发展情况。将党的二十大精神的学习与适切的教学载体相结合,帮助学生更加直观地学习。同时,要求学生从身边的美术资源保护与转化案例调查入手,形成以美术资源保护与现状的调查报告,汇报调查结果,有效开展课堂内外、线上线下课堂教学活动,课堂形成讨论的氛围,打破传统课堂"满堂灌"和沉默状态的方式方法,训练学生解决问题能力和审辩式思维能力。

在作业方式与内容上,2018年教学过程中,与"世界建设史"等设计专业学生一起,以联合大作业的方式进行,形成史论系学生出理念、设计系学生出作品的方式,增强学生的团队协作能力。2019年之后,则采用"短视频"的作业形式,改变了原来史论专业课程多以论文考查的方式,提高了作业难度,更重视学生解决问题的复合能力提升。期末作业虽为短视频形式,但要求其内涵但仍以史为

基础,加入调查报告内容,形成自己观点。

在评价方式上,从单一的教师评价方式变成师生双向评价方式。学生参与评价方案的制度、评价标准的设计以及评价。特别是在评价方案和评价标准上,强调关于文化自信自强的内容要求,指导学生在学习与作业过程中以此为准绳,将党的二十大精神中的文化自信自强落实到课程的不同的学习阶段中。

四、落实育人目标,促使学生成为文化自信的传播主体

当前,收藏在博物馆里的文物、陈列在广阔大地上的遗产、书写在古籍里的文字"活"了起来,在新时代迸发出新的活力。红色旅游热度攀升,"博物馆热""非遗热"蔚然成风,国潮国风成为年轻人的新时尚。课程不断思考这些时尚风气与课程学习内容之间的联系,引导学生,只有客观面对历史上近现代美术资源不当的现象,反思问题根源,才能以更务实的态度解决美术资源当下发生的新问题,指导学生从所承担的专业课入手,从人才的培养目标和规格的素质要求出发,总结时下学生思想上存在的问题;从小我出发,将小我有机融入大我,让学生形成对文化自信自强等方面比较明晰的价值体系、价值观念。

鼓励用专业的素养解决当下发生的问题,让学生主动承担起社会主义核心价值观的义务,从内容学习者转变为内容生产者和传播者。目前,课程已积累50多个"海派资源""红色资源"专题短视频,有的学生自觉将作业上传到bilibili等网站社交媒体上,以短视频的形式宣传美术资源,起到社会化传播作用,有益于社会各界增进美术资源保护与转化意识。徐也可的《20世纪20年代上海大学美术科办学情况初探的专题研究》,发表在《艺术市场》2022年第11期。

总之,党的二十大精神的融入着力点的选择和融合体系的建构全部建立在学理性分析的基础上,只有具备较为扎实的理论功底和较高的学术研究能力,才能全面把握、准确理解党的二十大报告提出的理论创新点,才能更好地把握党的二十大报告各部分内容之间的内在逻辑,才能深刻揭示党的二十大报告中蕴含的精神实质。作为高校教师,要通过加强理论学习提升自身专业水平,才能将党的二十大精神有效融入高校美术史论教学。

艺术展览与策划

马 琳

马琳,上海大学上海美术学院美术馆副馆长、副教授、博士生导师,兼任中华艺术宫(上海美术馆)副馆长。主讲"艺术展览与策划""艺术管理概论"课程,获评上海市教委重点课程,曾获党史融合微课教学比赛一等奖等。著有《展览改变艺术:策展的可能性》教材。主持2项国家级、省部级课题。发表论文和专业文章50余篇。主要研究领域:艺术管理、艺术博物馆学。

课程名称:艺术展览与策划

课程性质:专业选修课

课程学分:3

课程章节:整门课程

党的二十大精神融入"艺术展览与策划"课程的实践路径

党的二十大对我国各项工作和各个领域作出系统梳理和前瞻思考。把党的二十大精神全面融入课程教学，对于引导学生了解新时代十年发展具有重要作用。那么，在具体的课程教学中，如何融入思政、融入什么内容、融入的路径有哪些？自"艺术展览与策划"课程被立项为党史融合课程以来，课程团队以展览与策划的课外实践为切入点，进行了有效的实践与探索。

一、党的二十大精神融入"艺术展览与策划"课程的主要内容

习近平总书记在二十大报告中指出，要"推进文化自信自强，铸就社会主义文化新辉煌"，进一步明确了坚持中国特色社会主义文化发展道路与全面建设社会主义现代化国家的关系，启发我们深入思考文化艺术的发展在中国式现代化中的根本意义和作用价值。"中国式现代化"是党的二十大精神提出的一个重要关键词。"六个必须坚持"体现了习近平新时代中国特色社会主义思想的核心要求，是继续推进实践基础上的理论创新。"六个必须坚持"与文化艺术的建设和创新有紧密的联系，因此，在教学中，融入"六个必须坚持"的内容，对于学生理解如何"推进文化自信自强，铸就社会主义文化新辉煌"具有重要的作用和意义。

这"六个必须坚持"的核心内容分别是"坚持人民至上"，以优秀文化满足人民文化需求，增强人民精神力量；"坚持自信自立"，牢牢把握文化发展正确方向；"坚持守正创新"，推动中华优秀传统文化创造性转化、创新性发展；"坚持问题导向"，努力探寻新时代文化建设的新理念新思路新办法；"坚持系统观念"，形成建设文化强国的强劲动力和强大合力；"坚持胸怀天下"，增强中华文明传播力影响力。在习近平总书记关于文艺工作的重要论述的指引下，"艺术进入社区"作为重要的艺术实践概念，艺术家走出美术馆，进入社区与社区居民相链接，践行中

国特色社会主义新文化建设,值得系统研究和推广。基于此,课程的艺术教学要进一步坚守中国文化立场,坚持以人民为中心的创作导向,通过展览中的相关案例深入研究"艺术社区与中国式现代化研究"这一新课题,开拓艺术进入社区的新路径,结合公共文化政策和市政建设,把艺术进入社区、城市营造、社区微更新三者结合在一起,探索出"艺术进入社区"的可持续性发展策略,展现出具有中国式现代化风采的创造精神,对于社区博物馆/美术馆建设、社会美育体系建构、艺术社区理论建构等都有前瞻性的指导作用。

二、党的二十大精神融入"艺术展览与策划"课程的路径

在艺术展览策划中,如何坚持人民至上、自信自立、守正创新和创造性发展呢?课程团队以"艺术进入社区"的策展实践课程为切入点,将课堂延伸到校外的社区,带领学生进行"艺术进入社区"的展览策划。课程选择了人民公园作为展览地点,结合美院优秀毕业生的作品,策划了"园艺新风:人民公园艺术社区展"。

在深入学习贯彻落实党的二十大精神之际,为深入践行"人民城市人民建,人民城市为人民"的重要理念,进一步提升上海城市文化软实力,在市委市政府的关心与指导下,在上海市文教结合项目的推动下,2022年学院与黄浦区人民政府签署了战略合作协议,充分发挥上海美术学院在美术、设计和建筑等专业特色,为人民公园发展注入"活水",推动人民公园文化品牌打造,创新人民公园符合功能模式,促进人民公园与艺术资源有机融合,探索"公园+高校"和"高校+公园"的模式。

人民公园是上海的城市名片,也是城市文化和城市记忆的载体,承载着历代上海市民的幸福时光,更是城市魅力的关键。人民公园近些年以"相亲角"出圈,成为集观光游览、休闲交友于一体的市民文化公共空间。此次展览选择在人民公园举办,一方面是让艺术进入社区的每个角落,让市民在逛公园时就有机会欣赏到艺术作品。另一方面也是探索人才培养与社会公共文化服务体系相结合之道路,共同打造艺术社区场域与社会美育。

为了让学生更好地理解"艺术进入社区"展览的整个过程,课程先是在课堂

中进行线上和线下的讨论：如何确定展览主题和参展作品？布展方案怎样体现这次展览的主题？展览期间的公共教育活动和媒体宣传如何开展？最终，师生共同确定本次展览以"园艺新风"为主题，展示了上海美术学院国画系、版画系和雕塑系五位本科生的优秀毕业作品。在公园的公共空间还有一件美院学生与社区居民互动、共同创作的装置作品，传达了上海美术学院师生"为人民、为艺术、为生活、为城市"的创作理念。

作品《Find self》是一场寻找自己的旅程，陈看的作品通过明亮浓郁的色点与色块展现纷繁复杂的世界，而代表着本真的蝴蝶始终指引着"我"不忘初心一路向前，感受生活的美好。张超怡的版画作品《幻象》，似乎是艺术家对天空观察与思考的写照，层层叠印的丝网、富有节奏感的色块与未经修饰的瑕疵，共筑了"自然的天窗"，为都市中忙碌的人们吹来了惬意舒适的新风。

吴宙骅的雕塑作品《缩影——都市造像》自下而上都采用了近乎透明的树脂材料，各式各样的容器与断裂的材料代表着不同个体的情绪与生活状态。容器集合体的出现，构成了都市的缩影，将原本独立的、不同的个体赋予了群体性面貌。艺术家通过透明的树脂打开"自然之眼"，用通透的视角关注到了都市每个角落的生活百态。

朱屹立的雕塑作品《人造石》，对置于园林中的文雅符号——"奇石"进行了大胆的实验尝试。对一块园林之石进行重塑，在上面加入人工的塑痕，是艺术家与自然的对话和审视自身审美趣味的游戏，同时也为观众留下了一个关于如何平衡"审美经验"与"趣味创造"的开放式问题。

董文鑫的国画作品《落花有意》，用生机蓬勃的桃花与蜕变重生的蝴蝶构成了一幅浪漫的花虫图。桃花绽放、蝴蝶共舞的意象之景，体现出清新脱俗的自然园林之意。

在公园的公共空间还有一件特殊的装置艺术作品，它是由美院学生与社区居民互动、共同创作的"云灯之树"，市民以多种互动的形式参与到装置艺术的"再创造"过程，成为艺术的一部分。这种参与式公共艺术实践，极大地满足了市民的情感诉求和文化属性，保持了市民在社会文化生活中的主体性地位。在开幕式现场，所有与会嘉宾共同点亮"云灯之树"。正如上海美术学院院长曾成钢在致辞中表示，相信在学院与人民公园的共同努力下，双方一定会发挥好各自的优势，用艺术元素为人民公园赋能，打造具有鲜明特色的新海派文化公园，增加市民的幸福感和获得感。

本次策划的"园艺新风：人民公园艺术社区展"在《文汇报》《新民晚报》《新闻晨报》等媒体作了专题报道。实践证明,这种策展实践课程取得了非常好的教学效果。一方面,对于学生掌握展览策划的基本理论知识和实践能力的培养是非常有帮助的,使教学内容更加直观和立体,学生通过实践也更好地掌握了理论;另一方面,对于学生深入理解艺术进入社区与中国式现代化的关系也有一定的帮助,对于学生树立文化自信、守正创新的信念具有指导作用。通过媒体传播,对于学院的影响力与社会美育也有提升作用。在今后的教学中,课程团队将进一步明确党的二十大精神与"艺术展览与策划"课程相互交融的时代价值,更有效地激发学生的艺术理想和专业灵感,践行有时代温度的党史融合课程教育教学。

管 理 会 计

陈 影

陈影,上海大学悉尼工商学院讲师、硕士生导师。主讲"会计学""管理会计""高级财务管理"课程。2017年,获中国教育国际交流协会颁发的中外合作办学教师教学创新优秀成果一等奖、第三届西浦全国大学教学创新大赛"年度教学创新优秀奖"。多次获得上海市大学生企业 ERP 模拟经营大赛优秀指导教师奖,多次获得悉尼工商学院育人奖。发表多篇学术论文和教学案例。主要研究领域:公司治理、企业社会责任。

课程名称:管理会计

课程性质:专业基础课

课程学分:4

课程章节:第八章　全面预算　master budgeting

学思用贯通、知信行统一的党史学习教育促创新能力培养
——以"管理会计"为例

党的二十大报告指出,"坚持学思用贯通、知信行统一,把新时代中国特色社会主义思想转化为坚定理想、锤炼党性和指导实践、推动工作的强大力量。"坚持党的全面领导、坚持以人民为中心、坚持优化协同高效、坚持全面依法治国的原则,也是我们坚定理想、指导实践、推动科研教学的强大力量。如何在习近平新时代中国特色社会主义思想推动工作中实现理论和实践创新？如何做到党史学习教育在专业课程教学中走深、走心、走实？这是长期持续,需要深入思考探索挖掘的系统工程。长期以来,经管类专业课程的教学框架和内容体系习惯性地沿用热销的英文版教材,很少深入地思考与党史学习教育相融合,也较少启发学生共同探索相关的问题。

伴随着党的二十大精神的深入学习,课程团队经过理论—实践—理论的探索思考过程后发现学思用贯通、知信行统一的党史学习教育是促进师生创新能力培养提高的最有效动力源泉。课程团队将辩证唯物主义认识论、实践论、方法论理论高度统一,探索党的思想建设的经验总结和规律,理解马克思主义中国化时代化新境界、中国式现代化的中国特色和本质要求的重大问题、全面建设社会主义现代化国家、全面推进中华民族伟大复兴的战略及统筹推进的五位一体总体布局、四个全面的战略布局和第二个百年奋斗目标与行动指南,帮助师生第一阶段共同静心学与知,打下坚实的理论基础；第二阶段思与信互动挖掘,落实铸魂育人的核心工程；第三阶段实现用与行的目标,让每个微观个体都能践行党的伟大精神,实现三全育人,培养具备综合创新能力栋梁之材。

一、课程与党的二十大精神融合目标

"管理会计"课是经管类各专业的基础课程,课题团队设计的课程融合目标包括:

（一）价值目标

在教学中切实贯彻党的教育方针，坚持立德树人根本任务，坚持"四个自信"和"四个服务"意识，与专业知识学习相结合，引导学生理解：在马克思主义的指导下，中国共产党自觉担当起历史的重任，创造了中国式现代化，探索了一条实现中华民族伟大复兴的正确道路。使学生明确人民的中心地位，成为服务人民、一心为党的优质人才，提升学习、工作中的决策思考能力和水平。

（二）知识目标

构建管理会计的知识体系框架，包括预测、控制、决策、评价，在管理会计体系中，成本核算与控制、预算管理、标准成本与差异分析、绩效评价、责任会计与报告相对独立，又都涵盖于微观主体管理的整个流程或过程。

（三）能力水平

传承红色基因，自觉在思想上政治上行动上与党保持高度一致，始终忠诚于党、忠诚于人民，具备国际视野、精于专业业务、拥有管理者的视角、精通数据分析以及必备的思辨能力与沟通能力。让学生树立正确党史观，达成党史学习教育融入管理会计的教育目标；构建多层次教学内容，党史学习教育融入管理会计课程内容体系；党史学习教育的教学设计与教学方式得到强化创新；课程的考核评价体系取得进一步完善。

"管理会计"课程内容与资源建设及应用包括：学史明理，强化理论武装，讲授成本核算管理；学史增信，推进"两个维护"具体化，讲解全面预算；学史崇德，落实立德树人根本任务，讲授预测分析；学史力行，推动事业发展开新局，掌握决策分析。课程教学内容及组织实施情况：创新合作机制，拓展教学资源，构建协同育人新机制；创新课程标准，建立党史学习教育内容资料库；创新课程考核方案，增加党史学习教育考核模块；创新教学方法，引领自觉学习。

二、课程与党的二十大精神融合的结合点

党史学习教育与专业课程融合的具体教学设计以"预算管理"章节为例：

预算管理与控制是反映微观主体未来期间内一系列预计的经济资源、财务状况和经营成果以及现金流动等量化指标的各种预算表格数据的总称。它是以金额计量确认记录,计算及价值评估微观主体未来一定时期内的经营活动、投资活动、融资活动和国际金融业务等及其对财务的影响所作的计划;预算管理的基本框架是与业务相结合,包括经营预算、财务预算和资本预算三大部分。预算管理及预算编制的基本原则是:先进性,体现公司发展战略及经济利益目标利润的目标;科学性,需要从基础的客观条件出发、科学、合理,使制定的目标在客观环境和内部现有条件下得到实现;稳定性,分析宏观环境和未来发展趋势,保持永续经营、持续发展。微观主体的发展战略必须与国家和产业区域战略发展相结合,才能承担微观主体应有的社会责任。因此,党史学习教育与专业课程融合的结合点是:

(一)"管理会计"课程的整体逻辑是以预算管理为主线的

预算管理是具有企业计划、协调、控制、激励、评价生产经营等功能的一种综合贯彻企业战略方针的机制,是对企业相关的投融资活动、经营活动和财务活动的未来情况进行预期并控制的管理行为及制度安排。作为国家主体,我国同样也有相应的管理行为和制度安排,其属于中长期预算计划:五年计(规)划与三步走的发展战略。五年计(规)划与国民经济的发展紧密结合,在中国经济发展的不同历史阶段体现出了鲜明的阶段性特征。回顾五年计(规)划的历史,其不仅能描绘中华人民共和国成立以来经济发展的大体脉络,也能从中探索中国经济发展的规律,通过对比与检视过去,可以从历史的发展中获得宝贵的经验,从而指导未来的经济发展;三步走的发展战略,是我国改革开放的总设计师邓小平同志提出的,其从社会主义初级阶段理论出发,制定了三步走的发展战略部署。

(二)预算管理的作用是聪明不如情况明

讲一个朱德同志的故事。朱德同志是老一辈的革命家,一贯十分重视实际调查。他坚持联系人民群众进行实际调查,可以说深入基层了解民情民意伴随了朱德同志的一生。他自己也受益一生,并且教导其他同志学习这种处理工作的思想方法。1958年7月,朱德同志及其他人员到兰州五泉山考察,途中遇到牌坊的题字是:高处何如低处好,下去还比上来难。据其他同志回忆,当时朱德同志读后深有感触地说道：这里写着"下去还比上来难"，体现了古人的智慧啊，寓意确实很深刻啊！我们要和现实情况联系起来，去了解调查具体事实，要不断倡导人人都要深入实际调查研究，要去具体岗位实践锻炼。朱德同志青少年时期的各种亲眼所见、亲耳所闻、亲身感受的经历，进一步加深了他对祖国的热爱，将保卫祖国、建设祖国并确定为自己终生奋斗的目标；通过对陕甘宁边区粮食问题的走访农户、访谈讨论，朱德同志制定并执行了"南泥湾屯田政策"，取得了令人瞩目的成绩。

（三）永葆坚定信念

把学习党史作为坚持和发展中国特色社会主义、把党和国家各项事业继续推向前进的必修课，可以增强学生认识把握历史规律和历史趋势的能力，知其所来、明其所趋、继往开来、坚定前行。以史鉴今、以史为师，我们要充分汲取历史智慧和经验，不断推进企业治理体系和治理能力现代化，永葆为民情怀，牢记我们党来自人民、植根人民，把满足人民群众美好生活需要作为实际工作的出发点和落脚点，筑牢我们党长期执政最坚实、最可靠的群众根基。我们要永葆担当本色，按照宏伟蓝图，传承作为党的诞生地的初心和使命。《旧唐书·魏徵传》记载："以铜为鉴，可以正衣冠；以古为鉴，可以知兴替；以人为鉴，可以明得失。"勤学熟读，深刻理解党史，对党的发展历史和建设的艰难曲折过程了然于心，我们才能深刻体会到今天的幸福生活是前辈付出了怎样的代价取得的；学习党的奋斗历程，才能深刻理解我们党为什么能、为什么只有中国共产党才能救中国。这是历史和人民的必然选择，只有这样才能不断从党的成功经验和失败教训中汲取营养和教诲，才能以坚定的共产主义理想信念去克服前进路上遇到的各种艰难险阻，翻越各种崇山峻岭，渡过各种激流险滩，完成我们肩负的神圣使命。

课后专家同行和学生评价较好，说明这样的课程思政可以努力发挥好导学、联学作用，实现协同学习。党史学习教育与课程融合后可以鼓励学生充分发挥主观能动性，旨在培养学生的创造力和思辨能力，小组讨论过程强调科学严谨的学风及团队协作精神，并且在授课过程中强化教师为党育人、为国育才的使命担当，让师生不断创新，推动教学创新，实现全员全程全方位育人的目标和效果。

总之，党的二十大精神给课程提供了丰富的资源财富，用故事、案例讲述党史并使之与课程内容相融合,教学效果非常好。以国家发展战略目标引领,党史知识促成了经管学科的理论和实践创新,可以提高师生的创新认知、创新意识、创新能力,产生丰富的创新成果,促进教师科研教学和社会服务工作的有效开展,实现对学生的全程全方位育人。

20 世纪中国美学名家名篇精读

曹 谦

曹谦，上海大学文学院教授、博士生导师。主讲"西方文论""《谈美》与美学入门""20 世纪中国美学名家名篇精读""近代德国美学与文论"等课程，主讲的"美学原理"获评 2014 年上海市高校精品课程。曾主持 2 项国家哲社项目、2 项省部级项目，以及多项其他项目，以第一作者发表 CSSCI 论文 30 余篇。

课程名称：20 世纪中国美学名家名篇精读
课程性质：专业选修课
课程学分：3
课程章节：整门课程

以党史融合课程为契机加强美学教学和学科发展

党的二十大报告是指引我国今后各项工作的纲领性文件。报告中指出:"马克思主义是我们立党立国、兴党兴国的根本指导思想。"我们党历经百年艰苦的实践,总结出一条基本经验:"只有把马克思主义基本原理同中国具体实际相结合、同中华优秀传统文化相结合,坚持运用辩证唯物主义和历史唯物主义,才能正确回答时代和实践提出的重大问题。"实践没有止境,理论创新也没有止境。站在新时代的历史关口,不断谱写马克思主义中国化时代化新篇章,是当代中国共产党人庄严的历史责任。

近年来上海大学大力推进党史学习教育与课程相结合项目,其目的就是要把党的二十大精神通过教师的创造性教学实践,有机地融入专业课教学活动中去。本课程团队所承担的本科生专业选修课"20世纪中国美学名家名篇精读",历经十多年,不断为适应教学改革和学科发展的需要,与时俱进,改革创新。最初该课程名为"中国现当代文艺美学",只是一门常规的美学史课程。2016年,根据当时加强经典教学、增加读书会教学形式的要求,课程团队对课程内容作了较大幅度的改进,具体以中国现当代美学史中的4~5名美学大家为课程的基本骨架,再在每名美学家著作中选取其2~3篇代表作,开展名作精读的学习。教学方式从过去的教师课堂上一人主讲,改变为学生课下阅读精选篇章,课上发言与教师、同学交流互动,提出问题并解答问题的模式,课程名称也相应地改为现名。新的教学模式开展以来,大大激发了学生主动学习的积极性,课堂气氛活跃了许多,选课学生数也有了明显增长,收到了较好的效果,2022年课程入选校级"挑战性研究型课程"。

2022年以来,课程迎来教学改革的新契机,成功申报了学校的"党史融合课程"项目。课程配合党史、党建进课堂的要求,努力将党史内容融入这门课的日常教学中。这是一次新的挑战,也是一次大好机遇。它促使教师把这门课打造得特色更鲜明、时代性更强、更能回应百年中国思想史中的一系列重大命题。为此,课程团队对该课作了如下改进:

一是在第一部分的"20世纪百年中国美学"概述中,专门开辟"马克思主义美学中国化的历史进程"内容,综述在中国现代美学不断发展中马克思主义思想元素从无到有、从星星之火到燎原之势再到成为中国现代美学中的中流砥柱的光辉历程。

二是关注课程学习中的每个美学名家与中国共产党乃至中国革命的交集。他们中的朱光潜、李泽厚、宗白华等大家还亲身参与了新中国成立以后党领导下的"美学大讨论",他们各自都受益良多,也不同程度地促进了各自美学体系的建构。

三是有针对性地增加课程中涉及的美学大家著述中的马克思主义美学的篇章,在指导学生阅读和学习中,引导学生领会马克思主义基本原理是如何在他们的美学体系中成为一个建构性指导思想和深厚的理论背景的,从而让学生领会到马克思主义实际上已经成为中国现代美学成长并发扬光大历程中的一个伟大的新传统。

在此仅以"朱光潜美学与马克思主义的关系"为例。由于"党史融合课"的项目建设要求,教师在教学活动中增加了新中国成立后朱光潜积极参与"美学大讨论"及以后他的美学转型发展的有关内容。1956年以后,为了在学术领域普及马克思主义的辩证唯物主义和历史唯物主义的世界观,在党的领导下我国展开了长达六年的"美学大讨论"。"美学大讨论"期间,一共形成了"主观派""客观派""主客观统一派""客观性与社会性统一"等四派,值得关注的是,这四派均称自己是在马克思主义基础上的美学观点,可见大讨论本身就是一次中国马克思主义美学具有历史性意义的建构。在讨论中,朱光潜努力学习马克思主义,以马克思主义基本原理审视剖析自己前期美学,终于实现了自己的美学转型,即从30年代的文艺心理学的美学体系转变为马克思主义的理论体系。他在"美学大讨论"期间,依据马克思主义原理,提出了"物甲物乙说""意识形态说""劳动实践说"等一系列新的美学观点,构成了新中国成立以来中国马克思主义美学发展的有机组成部分,特别是他在"美学大讨论"后期提出的"劳动实践"说,成为中国马克思主义美学最有影响的学派——"实践美学"的早期典籍之作,意义重大。朱光潜在马克思主义美学探索道路上执着地前行。到了改革开放时期,他又以马克思的《关于费尔巴哈的提纲》《1844年经济学哲学手稿》为依据,发展了他的实践美学观点,并将其提高到"人学"的高度,于是他的美学最终定格在了"马克思主义的人学美学"。教师在教学中努力引导学生了解:朱光潜以生动的个人学术实践,诠释了中国美学在马克思主义指导下走向了新的辉煌道路,让学生了解朱光潜这一代知识分子是如何一步步接受马克思主义,最终膺服马克思主义,从而实现了具有历史意义的美学转型的心路历程。

教学活动也触发了教师的进一步思考。最近课程团队以党史融合课项目的教学实践为抓手，深入学习了党的二十大报告及习近平总书记的系列重要讲话的相关论述，对本课程的内容有了新的体会。因为这门课本身就是有关中国现代美学发展历程的，所以对新时代中国美学发展道路以及"美学的中国式现代化"问题有了新的思考。

第一，美学作为一门学科是从18世纪的德国开始建立起来的，中国现代美学也是在"西学东渐"的文化背景下逐步建立起来的。但是中华文化五千年的艺术精神才是我们真正深厚的美学根基。

习近平总书记在文艺工作座谈会上的讲话中，首先强调了中国古典美学和艺术拥有长久而普遍的价值。他说："中华美学讲求托物言志、寓理于情，讲求言简意赅、凝练节制，讲求形神兼备、意境深远，强调知、情、意、行相统一。""中华优秀传统文化中很多思想理念和道德规范，不论过去和现在，都有其永不褪色的价值。"因此，"我们要坚守中华文化立场，传承中华文化基因，展现中华审美风范""传承和弘扬中华美学精神"。

习近平总书记还强调，中华文化可以为促进世界文明的交流与发展作出贡献。他说，从远古到当代源远流长的中国文艺精品"不仅为中华民族提供了丰厚滋养，而且为世界文明贡献了华彩篇章"。为此，中国的"文艺工作者要讲好中国故事、传播好中国声音，阐发中国精神、展现中国面貌""要向世界宣传推介我国优秀文化艺术，让国外民众在审美过程中感受魅力，加深对中华文化的认识和理解"。至于宣传和推介中华文化的方式，习近平总书记特别强调："传承中华文化，绝不是简单复古，也不是盲目排外，而是古为今用、辩证取舍、推陈出新，摒弃消极因素，继承积极思想，'以古人之规矩，开自己之生面'，实现中华文化的创造性转化和创新性发展。"因此，中国美学要牢牢把握中国传统文化的根基，发展有中国风骨、中国气派的、可以适应现实需要的美学范式。

第二，20世纪以后的一百多年来，马克思主义已深度融入中国现当代美学的建构中，无数中国学者运用马克思主义解释审美现象、阐发美学规律。毫无疑问，马克思主义方法论已经成为中国现当代美学的一大传统。马克思主义的方法论简单地说就是辩证唯物主义和历史唯物主义。我们要从深入研究马克思主义经典作家的原著入手，把马克思主义理论视作一种建设性的宝贵学术资源，研究之，运用之，发展之，并始终与中国传统文化相结合，与中国当代美学研究实践相结合，中国当代美学就一定能够发扬光大并走向世界。

体 育

颜中杰

颜中杰,上海大学体育学院教授、硕士生导师。兼任中国足球协会职业联赛比赛监督、中国大学生体育协会纪律与监督委员会委员、大学生体育协会足球分会竞赛委员会副主任、裁判委员会副主任等职。主持中国足球协会社会足球指导员培训体系建设项目等10余项省部级以上课题研究。著有《我国职业足球俱乐部后备人才培养可持续发展研究》等专著3部,发表20余篇期刊论文。主要研究领域:足球理论与实践、大学生体质健康。

课程名称:体育

课程性质:公共基础课

课程学分:1

课程章节:整门课程

党的二十大精神有机融入促进体育课程思政高质量发展

党的二十大报告指出："广泛开展全民健身活动,加强青少年体育工作,促进群众体育和竞技体育全面发展,加快建设体育强国。"毛泽东在《体育之研究》一文中这样写道："体育一道,配德育与智育,而德智皆寄于体。无体是无德智也。"大学生是国家的栋梁之材,其健康状况关乎国家安危和民族复兴,事关党的前途命运,事关国家长治久安,事关民族凝聚力和向心力。

高校体育课程要全面贯彻党的教育方针,落实立德树人根本任务,培养德智体美劳全面发展的社会主义建设者和接班人。习近平总书记明确指出,在五位一体的总体要求中,体育具有极其重要的作用。他进一步提出了"帮助学生在体育锻炼中享受乐趣、增强体质、健全人格、锤炼意志"四位一体的目标。这是对学校体育最高水平的概括、最深刻的阐释,必将影响到中国教育,特别是中国体育教育未来的发展。

"为国争光、无私奉献、科学求实、遵纪守法、团结协作、顽强拼搏"的中华体育精神来之不易、弥足珍贵,是中国精神的重要组成部分。全面推进大学生体育课程思政建设,就是要寓价值观引导于知识传授和能力培养之中,帮助学生塑造正确的世界观、人生观、价值观;帮助学生坚定理想信念,充分认识到身体健康影响甚至决定着接班人问题,影响甚至决定着国家长治久安、民族复兴和国家崛起;帮助学生树立为中华民族伟大复兴而刻苦锻炼的理想信念。

对于上海大学大部分学生而言,大学体育课程是他们接受的最后一次学校体育教育,对他们一生的体育行为都将产生重要影响。经过十多年的学习、生活,学生对体育运动的喜好逐步稳定。因此,他们在体育课中的学习目标更加明确,学习方向更加明确。在这样一个关键时期,对于教师而言,把握这一关键时期,向学生传授的科学健身方法,学习效果将事半功倍。而对于学生而言,通过学习,可以掌握自我评估的方法,科学合理地制订自主健身计划,结合自身兴趣爱好,养成终身体育的习惯,不断提高健康水平。

"无体育,不清华"已经成为清华大学重视体育工作的重要标志。而"追卓越、创一流"的上海大学培养的学生不仅要有爱国情怀、超强大脑,更要具有强健体魄。通过加强体育课程思政建设,让学生走出宿舍、走出网络、走向操场、走到阳光下,每天锻炼一小时,帮助他们在体育锻炼中享受乐趣、增强体质、健全人格、锤炼意志。青春与运动交融,梦想与汗水相会,体育锻炼势必会增进学生的身体素质和健康。

将党的二十大精神有机融入体育课程教学,实现进教材、进课堂、进头脑的目标,促进体育思政工作高质量发展,应重点抓好以下几项工作:

一、加强制度保障,建立科学严谨的体育思政课程体系

要以党的二十大精神为根本遵循,结合体育专业课程体系,深入研究大学体育思政教学,建立科学、系统、严谨的大学体育思政教学体系,制定大学体育思政教学大纲、教学内容、教学进度等,从制度层面保障大学体育思政教学的规范化、标准化,确保体育思政教学不走样、不变样,从而实现体育思政教学稳定、持续、高质量发展。

二、突出运动项目特点,促进思政教学与专业课教学紧密结合

体育运动项目千姿百态、各种各样,每一个运动项目都有自己独特的思政内涵。必须根据项目特点,设计思政教学内容。例如,拳击项目倡导不畏强敌、敢打必胜的精神;乒乓球项目突出千锤百炼、精益求精的工匠精神;足球项目突出相互帮助、同舟共济的团队精神等。只有突出运动项目特点,与运动项目紧密结合,思政教学才能有机融入专项教学,才能真正融为一体,而不是"两张皮"。

三、以集体项目带动个人项目，促进体育思政教学的全面发展

足球、篮球、排球俗称"三大球"，是典型的集体类项目，蕴含着较个人项目更为丰富的思政教育素材，是国家体育总局列为优先发展的运动项目。我国正处在中华民族伟大复兴的征程上，需要中华儿女发扬万众一心、众志成城、同舟共济、精诚团结的集体主义精神。因此，在开展体育课程思政的过程中，建议优先发展三大球为代表的集体项目，以此为突破，带动其他个人项目的全面发展。

四、打破时空界限，实现体育思政教育全覆盖

体育跨越时空、超越国界，体育思政教育也应突破时空界限。传统的大学体育教学模式，基本是每周一次体育课，历时1.5小时。但仅仅依靠这有限的课内时间是远远不够的，应充分利用网络教学优势，形成课上课下相结合，校内校外相联系的全覆盖、无死角的体育思政教育体系，实现思政教育效果的最优化。

五、加强师资队伍建设，提高专业课教师思政教学能力

教师是教学活动的组织者。若想提高体育思政教学质量，首先要提高体育教师的思政意识和教学能力。体育教师具有较高的专业技能，能够较好地完成体育专业课教学任务。但是，体育课程与思政内容相结合，对于他们而言就是全新的领域，需要开展专业的培训，帮助体育教师提高对体育类课程思政教学的重视程度，掌握重点难点，丰富方法手段，达到保质保量完成体育课程思政的教育教学目的。

六、抓住体育运动中的突发事件，及时开展思政教育

过程的不可预测性和结果的扑朔迷离是体育运动的魅力之一。在体育教学、训练、比赛过程中，会不断出现各种突发事件，教师应不失时机地开展思政教育。例如：有学生意外受伤了，应开展救死扶伤、相互帮助的思想教育；比赛失利了，应开展胜不骄、败不馁的挫折教育；出现犯规了，应开展公平竞赛、遵纪守法的道德教育……总之，抓住突发事件，及时开展思政教育，可以起到事半功倍的效果。

附　　录

关于"党的二十大精神有机融入课程教学——我的教学设计与思考"征稿通知

各院系：

2023年是我校"贯彻之年""统筹之年""奋进之年"。为扎实推进习近平新时代中国特色社会主义思想和党的二十大精神进教材、进课堂、进头脑，迎接新一轮本科教育教学审核评估，培养全面发展的卓越创新人才，全校师生已在全面学习、全面把握、全面落实上下功夫，在学思用贯通、知信行统一上下功夫。为更深入地掀起学习宣传贯彻党的二十大精神的热潮，将党的二十大精神有机融入思政课教学和专业课教育教学，上海大学教务部、教育部课程思政教学研究示范中心（上海大学）拟开展"党的二十大精神有机融入课程教学——我的教学设计与思考"稿件征集活动。诚邀老师们参与。

一、征稿要求

1. 结合本人所讲授课程，提交"有机融入"的一门课或一次课程教学设计与学理思考一篇，充分展示课程思政高质量建设的特色与亮点。

2. 条理清晰，言之有物，确保原创，字数控制在3 000字左右。大标题3号黑体居中，中标题4号黑体居中。正文小四号宋体，1.5行间距。

3. 来稿请在文末附上教师简介及联系方式。

4. 我们将组织专家评审，可能会择优推荐在"上大教务"公众号、教育部课程思政教学研究示范中心（上海大学）网站等平台发布，并结集正式出版。

二、报送时间及方式

请于2023年2月6日前将文稿电子版报送至指定邮箱sdkcsz2020@163.com。

联系人：曹老师　顾老师

上海大学教务部　教育部课程思政教学研究示范中心（上海大学）

2023年1月7日

后　　记

　　暑热炎炎，假期无假。2023年的8月15日，我终于在千头万绪中完成了党的二十大精神进课堂上海大学教师征文集的稿件整理。

　　我要感谢所有积极参与征文的老师。读着你们温暖的文字，我能感受到你们用功学习的神情和洋溢的热情，让党的二十大精神"带着热气"进课堂。

　　我要感谢教育部课程思政教学研究示范中心（上海大学）特聘研究员——马克思主义学院青年教师孙会岩、赵静、张青子衿、张彦青、徐苗、杨阳，是你们在繁重的教学和科研工作之余，认真参与征文评审工作。

　　我要特别感谢我的硕士研究生——马克思主义学院周孙卿和孙梦泽，在繁忙的学业之余，帮我及时收集整理资料。

　　我要感谢上海大学出版社名誉总编傅玉芳编审及其编辑团队。他们用诚挚的专业服务，一直给予我暖心的支持。

　　有了你们，才有《师说——课程思政教学设计与思考》面世。

　　由于时间紧、关联师生和课程多，我们在汇编时难免有错漏之处，敬请谅解。

　　期待我们共同续写上海大学思政课和课程思政高质量建设的崭新篇章。

顾晓英
2023年8月15日